ゴーマニズム宣言 SPECIAL

民主主義という病い

小林よしのり

幻冬舎

ゴーマニズム宣言
SPECIAL

民主主義という病い

小林よしのり

幻冬舎

目次

民主主義という病い

第1章 アルページュの美味礼讃

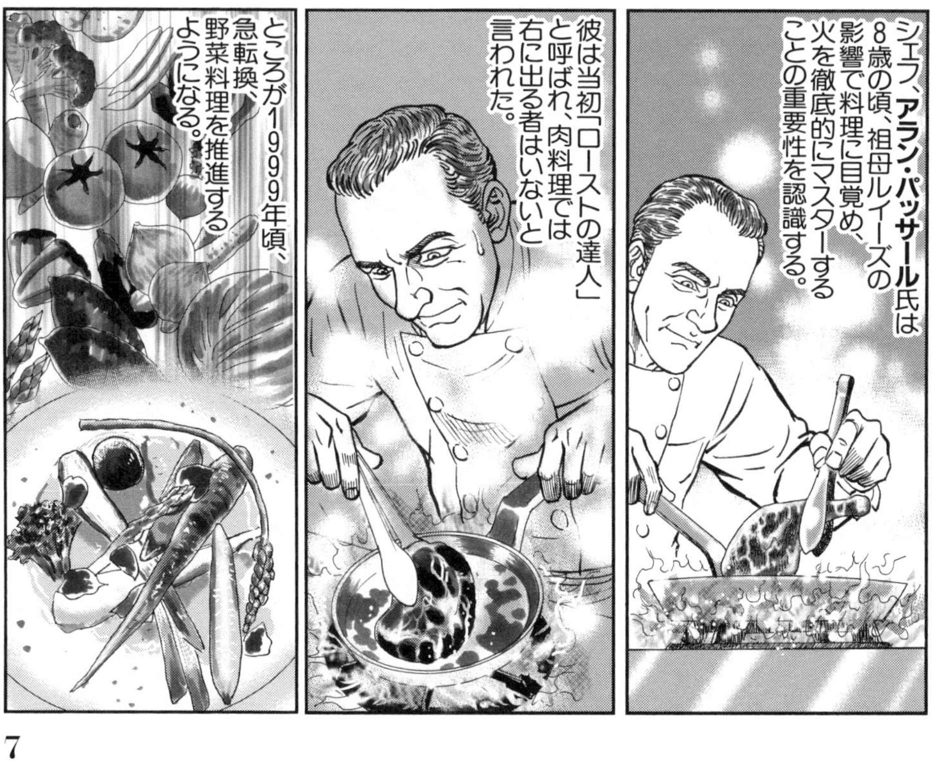

シェフ、アラン・パッサール氏は8歳の頃、祖母ルイーズの影響で料理に目覚め、火を徹底的にマスターすることの重要性を認識する。
彼は当初「ローストの達人」と呼ばれ、肉料理では右に出る者はいないと言われた。
ところが1999年頃、急転換、野菜料理を推進するようになる。

全てにこだわる
パッサール氏は
土壌豊かな土地を購入し、
自家製野菜を栽培。
種から育てあげた
安心で安全な
こだわりの
有機野菜を供する。
一つ一つの食材に
真摯に向き合い
素材が発する声に
耳を傾け創作する。
肉や魚の付け合わせ
として脇役的な存在
だった野菜を芸術的に
昇華させ主役にする
という発想で、
今では野菜料理の
大御所的な存在である。
彼の料理哲学は
「余分なものは削ぎ落とし
素材の真実に近づく」
潔い調理法で本質を
追究する精神を
貫いている。
また、最近では彼の
料理哲学を継承する
弟子達が、
キラ星のごとく次々と
名を馳せている。
19時30分にアルページュに
予約を入れているので、
パリ7区に向かい
タクシーを走らせている。

日本のレストランは18時オープンのところがほとんどだが、フランスでは概ね19時〜20時と遅い。
日没が21時過ぎなので外はまだまだ明るく、気長にディナーを楽しむのがフランス流だ。
夕食が遅いので朝はカフェオレとクロワッサンのような簡単な食事になるのだろうか。
名店を訪れる時、誰しも多少なりとも緊張するだろう。
ましてや世界のVIP達を虜にするフランス人の3つ星レストラン、独自の料理哲学を持ち、ストイックなまでに探求し続ける職人肌の天才シェフ。
初めての来訪となれば尚更である。こちらも体調を万全に整えて挑む感じだ。
入口の端正な扉を開けると、いきなりそこにアラン・パッサール氏がまるで旧知の友と再会したかのような満面の笑みで我々を迎えてくれる。

アルページュの室内は
華美な装飾がなく、
シンプルで洗練された
雰囲気だが、
ラリックの
ステンドグラスが
優美で上品な空間を
醸し出している。
すこぶる居心地が良く、
まるでパッサール氏の
気さくな人柄が
にじむようだ。
これから出てくる
料理に期待がつのる。
ギャルソンが
「説明はフランス語に
しますか? 英語に
しますか?」と
フランス語で聞くので
わしが「フランス語は
ほんの少ししか話せない」と
答えると…
Je ne peux juste que parler un peu français.
「少々話せれば大丈夫だ」
と言われて、その後、
料理の説明を
フランス語で通されて
しまったので焦った。
ウィ!
ダコール!
ウィ!
先生ぼん
すごいね。
わかるわけ
ねーだろ!

ワイン・リストぶ厚いね～。
う～～～～ん何としても旨いやつ見つけてやる…
Chassagne Montrachet Caillerets!
すごくいい選択だとほめてくれたのでひと安心。
飲んでみたら最高だった。
日本で同じものを飲んでも、こんなに美味しく感じない。
そしていよいよ料理が…
スタートは一口大の「カブのお寿司」。
フランスの3つ星レストランでお寿司が出てくるなんて意外で誇らしく嬉しいものだ。
おふん！
う…美味い！
カブの甘みと酢飯が相まって食欲を刺激する美味しさ。
もぐもぐもぐもぐ…
ただカブだけではない旨みを感じるのだが、それを解析することができぬ程、繊細で複雑な味わい。
だ…だよね！私もそう思う！

パッサール氏は親日家で
幾度となく日本を
訪れているそうな。
創造することを
生業にする人は
日本のわび・さびを
理解する繊細な
人たちだろう。
店の定番なのか、
半熟の卵。
こう書くと単純だが、
味は複雑極まりない。
むふううう
んんんん……
卵の黄身に
シェリー酒酢と
メープルシロップが
相まって、まろやかで
優しい口あたり。
人肌の温かさにも
ほっとする。
んだ！
んだ！
「野菜のラヴィオリスープ」は
色取りが可愛く、
喉にスルスル入ってゆく。
ちゅるちゅるちゅる
ちゅる…
野菜とキノコでとった
ブイヨンだろうか、
あっさりとしているのに、
コクがあり
滋味溢れる感じだ。
ほんにね！
ほんにね！
ラヴィオリの1個に
コリアンダーが
入っていて、
アクセントが
効いている。
手間暇がかかっている
だろうと想像される
贅沢な逸品だな。
ふっひん…

パッサール氏の真骨頂を発揮しているのが「ほうれん草のヘーゼルナッツ炒め」！
「ローストの達人」と称えられるのもうなずけるストイックな火の入れ方！
素材の持つ風味を極限まで活かしながら、奇をてらわずイノセントに、流れるようなハーモニーを作り出している！
美味い！
んだ〜〜〜〜っ！
「人参のムース」は、素材自体の旨さに頼るのではなく、感性と技量によってだろうか？
口の中がふくよかで華やかに満たされる。
ふううううううんんん…
口の中が華やかさで満たされる！
どの皿も今までに味わったことがない複雑でデリケートな美味しさ。
身体に沁み込むような優しさで入っていく。

最初は複雑な味に
何が使われているのか
考えながら食べていたが、
あまりに複雑すぎて
判別不能。
詮索するのは止めて、
ただただ
その美味しさだけを
堪能することに専念した。
ただ言えることは、
単純に自然回帰ではない。
自然を極めた
その先にある
未知なる味わいに
遭遇させて
くれるのが
パッサール氏の
絶品の料理である
ということ。
この僥倖に
感謝せずにはいられない。
パッサール氏が
挨拶に来てくれたので、
この感激を伝える。
Merci. C'était très bon!
Oh! très bon. Merci.
喜んで
わしの肩をもんで
親しみを表す
パッサール氏。
あとは何か色々
しゃべってたが、
よくわからない。
わしのファッションを
ほめてたようだ。

旬のホワイトアスパラガス、ロブスター、子羊、口直しのシャーベット、チーズ、ルバーブのミルフィーユ、更にもう一種デザート、小菓子。
総皿数13～14だっただろうか？
どれも少なめのポーションとはいえ、日本人には絶対的に量が多い。
ましてや最近は年のせいか食が細くなっている。
こんなに美味しいのに食べきれない悔しさ！
痛恨の思いで終盤は残してしまう。
こんな時、日本ではサービススタッフが「お口に合いませんでしたか？」と聞いてくる。
正直に「満腹でもう食えない」と伝えるが、聞かれること自体が苦痛である。
こんなに美味しいのに、残してしまわなければならない現実…
これをどう伝えようかと悩んでいたら…

「Finished？」とさりげなく笑顔で聞いたかと思うと、素早く「Thank you」の言葉を残し片づけていった。
この「有難う」の言葉は、食べ物を残すことの罪悪感を緩和してくれる。
シェフの矜持と接客のサービスの真髄をみた気がする。
RESTAURANT Arpège
日本の「おもてなし」以上のさりげなさを、ここ、アルページュで味わってしまった。
しかし先生、こんなに贅沢なものを食べてるけど、フランスでも日本でも、庶民には縁がない世界だよね。
なんか嫉妬されそうで後ろめたくない？
なに言ってんだよ！
それはマルクス主義的な「平等」の観念に囚われてるな！

「平等」という観念は、フランス革命で普遍化したけど、革命以前は「生まれ」や「身分」による差別が固定化された「封建社会」だった。
王
聖職者
貴族
平民
身分差別の社会が、革命によって打破され、「個人の才能・実力・努力」によって、誰でも「平等」に社会で活躍できる「近代社会」になりさらに「資本主義社会」に移行していくんだ。
王
聖職者
つまり、平等とはチャンスの平等であって結果の平等じゃない!
人より才能があって、人より努力して、人よりリスクを負って生きて来た結果、贅沢できるようになっただけ!
分相応にわしは生きてるだけだよ。
そうか!
でも私はラッキーだな。
庶民には庶民の快楽がある。フレンチよりラーメンの方がいいという人は多い。
充実した庶民は嫉妬しないよ。

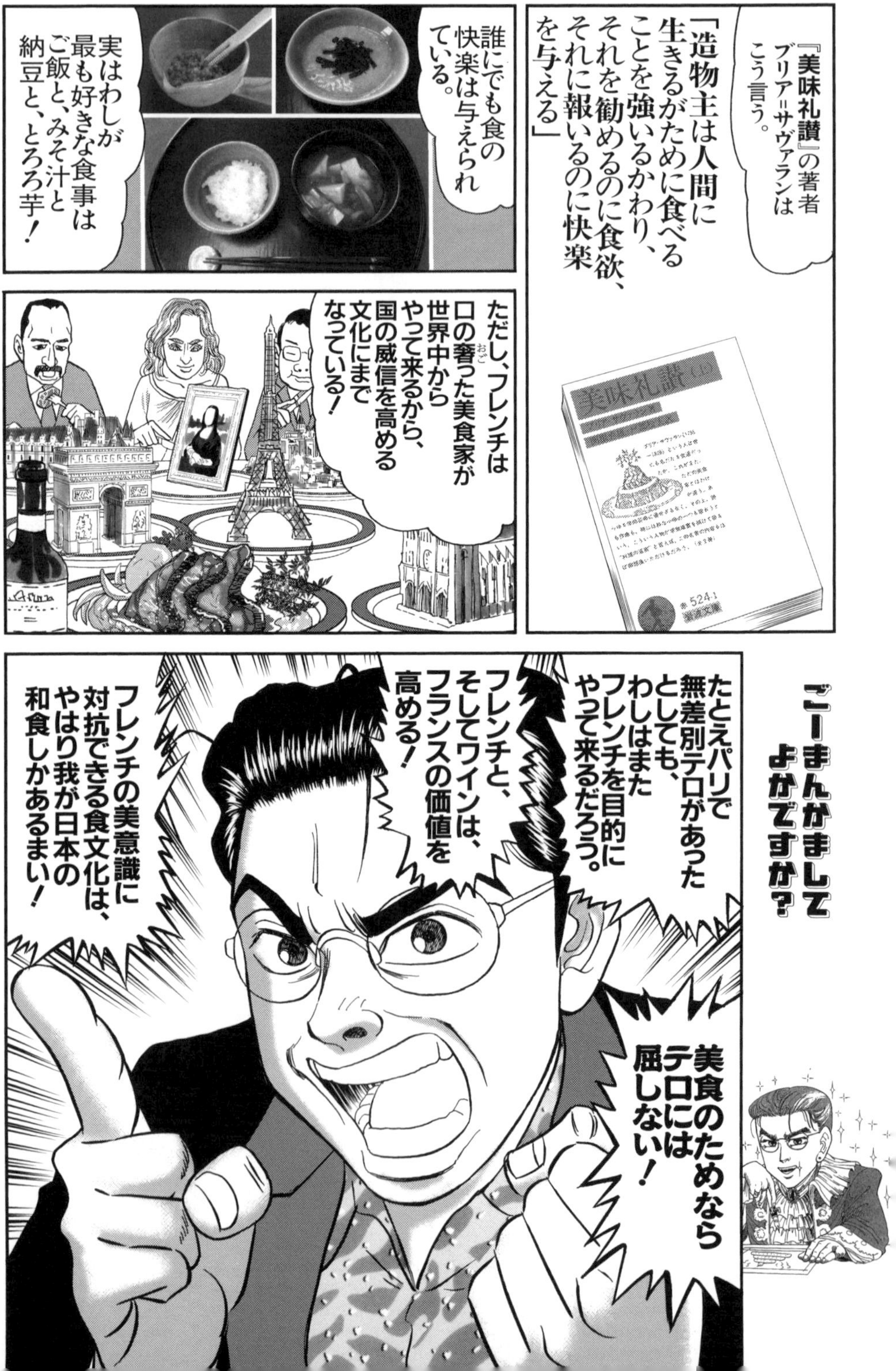
『美味礼讃』の著者ブリア=サヴァランはこう言う。
「造物主は人間に生きるがために食べることを強いるかわり、それを勧めるのに食欲、それに報いるのに快楽を与える」
誰にでも食の快楽は与えられている。
実はわしが最も好きな食事はご飯と、みそ汁と納豆と、とろろ芋！
美味礼讃
ただし、口の奢った美食家が世界中からやって来るから、国の威信を高める文化になっている！
ごーまんかましてよかですか？
たとえパリで無差別テロがあったとしても、わしはまたフレンチを目的にやって来るだろう。
フレンチと、そしてワインは、フランスの価値を高める！
フレンチの美意識に対抗できる食文化は、やはり我が日本の和食しかあるまい！
美食のためならテロには屈しない！

ゴーマニズム宣言 SPECIAL

民主主義という病い

第2章
フレンチとギロチン

1600年代、絶対王政の時代、フランスはカトリックの王国だった。
フランスに美食の文化が発達したのはこのカトリックの影響がある。
カトリック教国では、美味しいものへの愛や執念が、キリスト教文明の善き作法、趣味の良さとして許容されたからだ。
カトリック教会では、食卓を社交・礼儀を身につける教育の場と捉えていた。

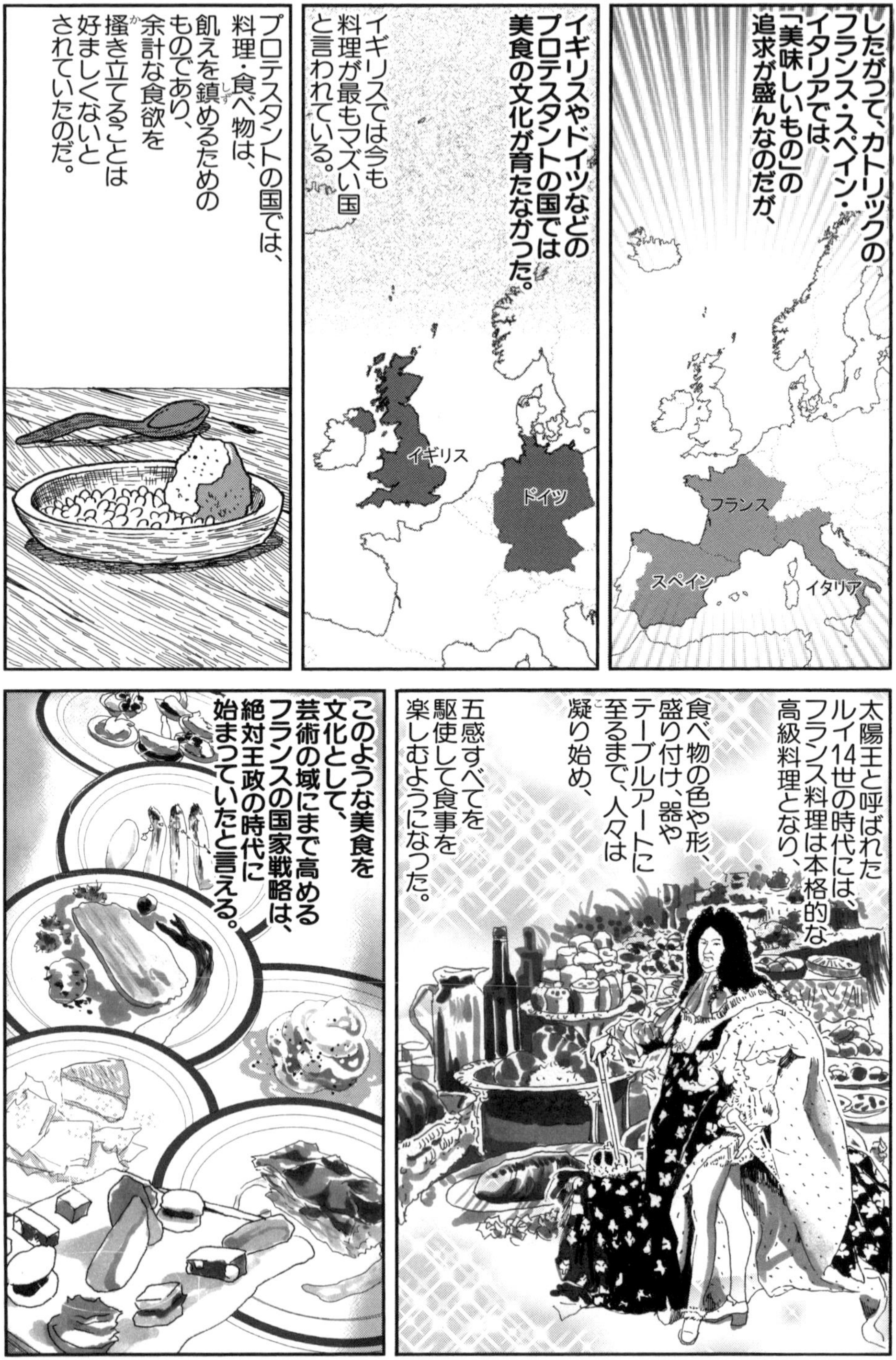
したがって、カトリックの
フランス・スペイン・
イタリアでは、
「美味しいもの」の
追求が盛んなのだが、
フランス
スペイン
イタリア
イギリスやドイツなどの
プロテスタントの国では
美食の文化が育たなかった。
イギリスでは今も
料理が最もマズい国
と言われている。
イギリス
ドイツ
プロテスタントの国では、
料理・食べ物は、
飢えを鎮めるための
ものであり、
余計な食欲を
掻き立てることは
好ましくないと
されていたのだ。
太陽王と呼ばれた
ルイ14世の時代には、
フランス料理は本格的な
高級料理となり、
食べ物の色や形、
盛り付け、器や
テーブルアートに
至るまで、人々は
凝り始め、
五感すべてを
駆使して食事を
楽しむようになった。
このような美食を
文化として、
芸術の域にまで高める
フランスの国家戦略は、
絶対王政の時代に
始まっていたと言える。

1789年7月14日にパリ市民がバスティーユを解放してから、ナポレオンがセントヘレナ島に追放されるまでの約25年間はフランス革命の動乱の時代だった。
バスティーユ監獄の解放から3日後、シャンティー城主コンデ公は国外へ逃亡したが、コンデ公は美食家で、その下には一流の料理人や菓子職人が奉公していた。
その料理人たちは一夜にして職を失ったのだ。
だが、彼らのうち厨房長だったロベールが、まずリシュリュー街にレストランを開店する。
このようにフランス国内の王侯貴族たちが抱えていた料理人たちは、革命後に続々と市街でレストランを開き、市民に美食の腕を振るうようになった。
美食の一般化がフランス革命によって成されたのだ。

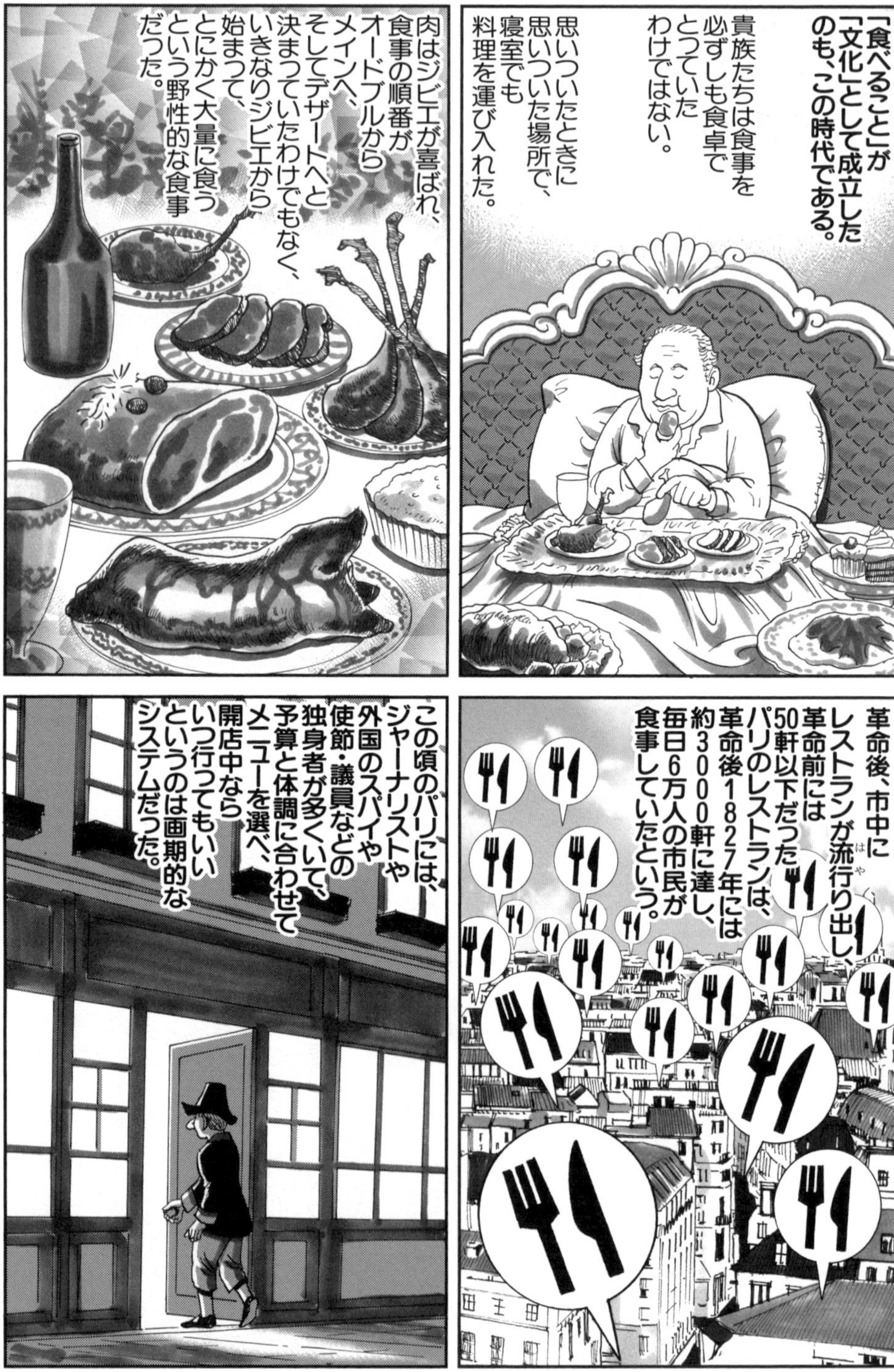
「食べること」が
「文化」として成立した
のも、この時代である。
貴族たちは食事を
必ずしも食卓で
とっていた
わけではない。
思いついたときに
思いついた場所で、
寝室でも
料理を運び入れた。
肉はジビエが喜ばれ、
食事の順番が
オードブルから
メインへ、
そしてデザートへと
決まっていたわけでもなく、
いきなりジビエから
始まって、
とにかく大量に食う
という野性的な食事
だった。
革命後、市中に
レストランが流行り出し、
革命前には
50軒以下だった
パリのレストランは、
革命後1827年には
約3000軒に達し、
毎日6万人の市民が
食事していたという。
この頃のパリには、
ジャーナリストや
外国のスパイや
使節・議員などの
独身者が多くいて、
予算と体調に合わせて
メニューを選べ、
開店中なら
いつ行ってもいい
というのは画期的な
システムだった。

なにしろ
フランス革命の
動乱期である。

ワー
ワァァー
ワーワー

パリ市民は
ギロチンの斬首刑を
楽しみながら…

あるいは槍の穂先に
突き刺された首や、
通りを首のない
人体が引き回されて
いく光景を見ながら…

異様な食欲を
発揮していたのである！

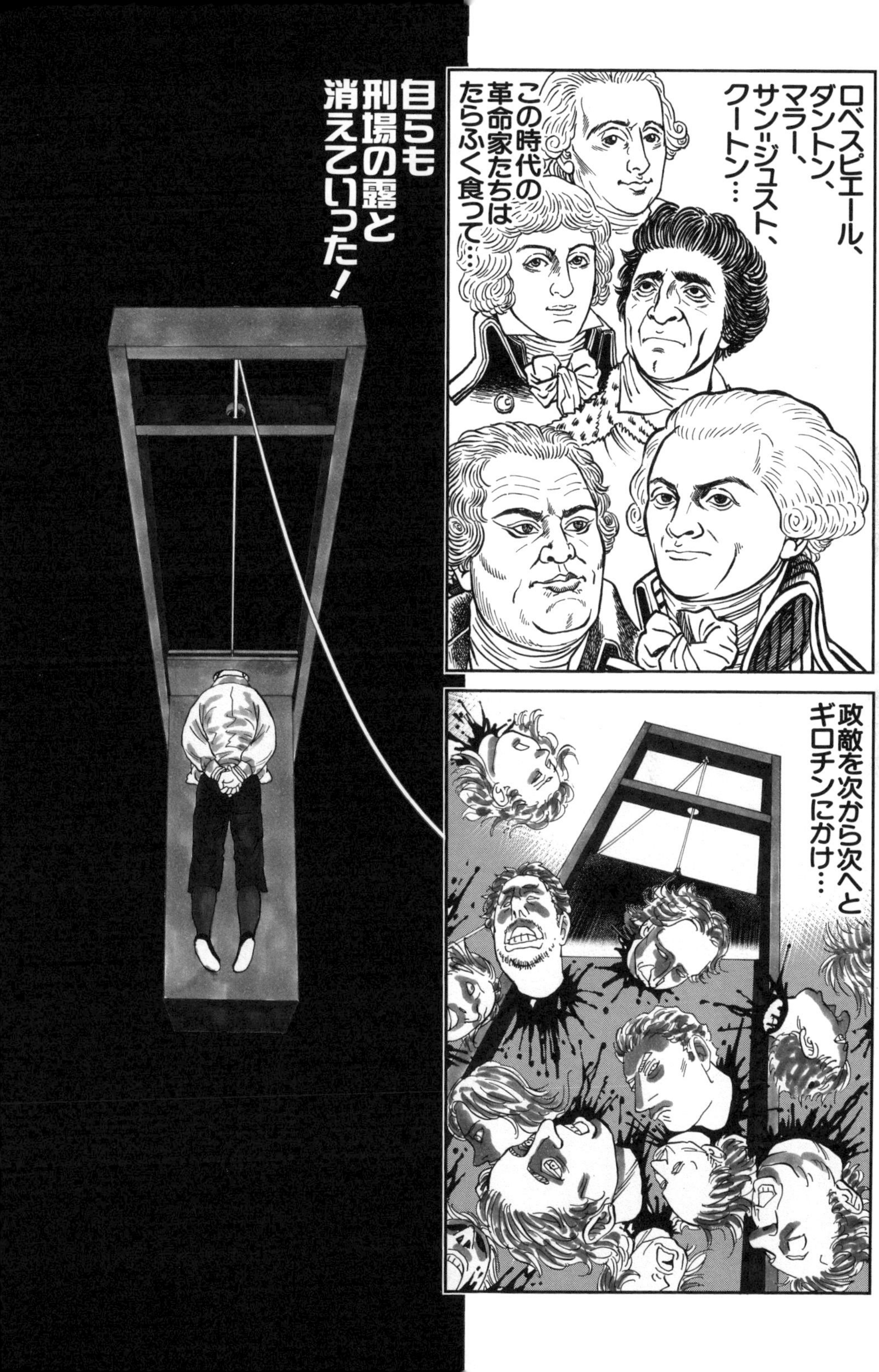
ロベスピエール、ダントン、マラー、サン＝ジュスト、クートン…
この時代の革命家たちはたらふく食って…
政敵を次から次へとギロチンにかけ…
自らも刑場の露と消えていった！

ごーまんかましてよかですか？
フランス革命がこの世にもたらした最大の収穫は、民主主義でもなく、「自由・平等・同胞愛」の理念でもなく、フランス料理である。
フレンチには死と悪魔のかぐわしい匂いがする。
それがわしの創作の感性を刺激するのである！

第3章 「ドレイの平和」か「危険な自由」か？

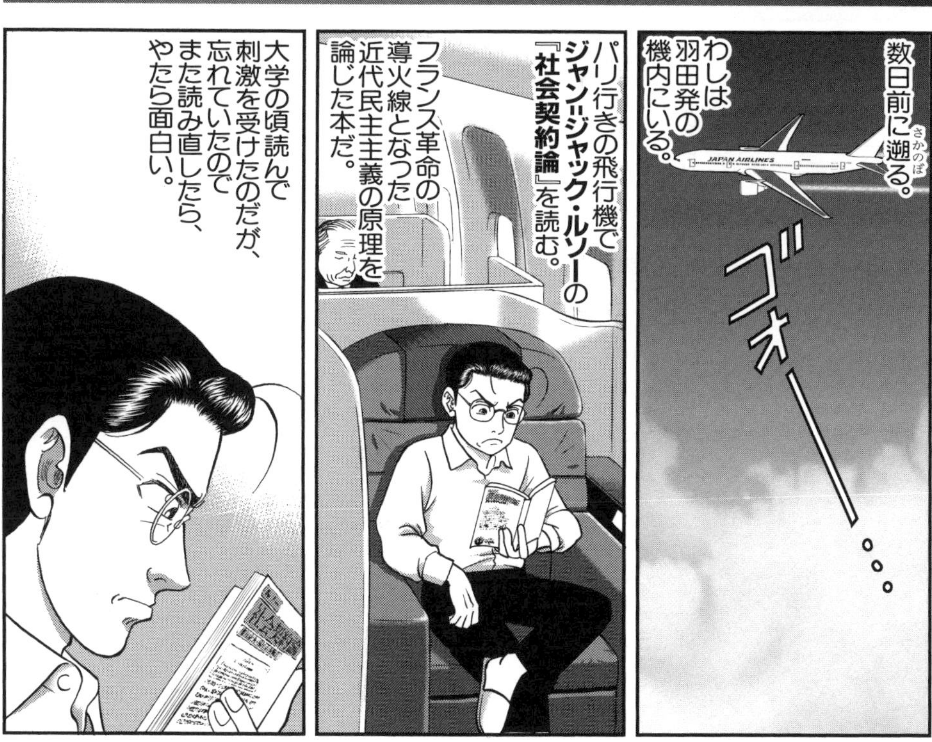

数日前に遡る。
わしは羽田発の機内にいる。
JAPAN AIRLINES
ゴォーー…
パリ行きの飛行機でジャン＝ジャック・ルソーの『社会契約論』を読む。
フランス革命の導火線となった近代民主主義の原理を論じた本だ。
大学の頃読んで刺激を受けたのだが、忘れていたのでまた読み直したら、やたら面白い。

『社会契約論』の第一章はこう始まる。
「人間は自由なものとして生まれた、しかもいたるところで鎖につながれている。自分が他人の主人であると思っているようなものも、実はその人々以上にドレイなのだ」
人間が関係性の鎖に縛られているからドレイと言っているのかもしれないが、
戦後の日本人の境遇を考えると、別の意味でドレイという言葉が重く響いてくる。
社会契約論
「ドレイ状態のなかで生まれた人間のすべては、ドレイとなるために生まれたのだ、世にこれほどたしかなことはない」
「ドレイは彼らの鎖のなかですべてを失ってしまう、そこからのがれたいという欲望までも」
全くその通りだ！
これは戦後日本人の姿である！
米国に「ややついて行け」派と、「力いっぱいついて行け」派で争う日本人は、肝心の鎖をはずす意思もない。
まさにドレイだ！
賛成
九条
9条
日米同盟命綱
9条を守れ！

「暴力が最初のドレイたちをつくりだし、彼らのいくじなさがそれを永久化したのだ」
これほど的確に戦後日本人の姿を表す記述はない！
「ひとは牢獄のなかでも安らかに暮せる。だからといって、牢獄が快適だといえるか？」
9条
戦争反対
9条を守れ！

ルソーが『社会契約論』を書いたのは1762年、まだフランスが絶対王政の時代で、人民は王権に支配される者たちであり、フランス革命はこの27年後、1789年からだ。
日本における絶対王権は天皇ではない。
実はアメリカなのだ！
日本の政治家はアメリカに逆らったら、政権は長持ちしないと思っている。
ロッキード疑獄、一気に
米軍が日本を守っているのだから、最終的な国家主権はアメリカにある。
これを日本人は見ないようにしている！
我々は沖縄の米軍基地問題を解決できない。
沖縄では琉球独立論まで出ているのに、国民を分断する恐れがあっても解決できない。
主権を持たない民はドレイなのだ！

お食事のメニューです。
ほお、龍吟のシェフによる和食コースがある。
小林先生、やっぱりご存知でしたか？
失礼だな。わしは富裕層であり、勝ち組ですよ。
ファミレスで食ってるドレイどもと一緒にしないでください。
まあ…ほほほ…
さすがごーまんな冗談…
何度か行きましたが、毎年ミシュランで紹介されるようになって予約が取れなくなりましたからね。
ブランドでしか価値判断のできない卑しい連中が世界中から押し寄せるから、わしのような貴族の足が遠のいてしまう。
シェフも気の毒だ。わしに食してもらえないなんて。

ほほほ…そうですね。
じゃ気の毒なシェフのためにせめて機内食で味見してあげるか。
酒は森伊蔵で。ロックでね。
はい。ご用意します。
しかし、飛行機の中の揺れる空間で、ここまで豪華な食事を出す意味があるのかとも思うが…
いや、出してほしい！
不安感を忘れさせてほしいのだ！
そうだ！ジュラルミンの塊が揚力で飛ぶ原理は知っているが、今、自分の足下は空中だと思うとぞっとする。
ゴォオオオ
わしは高所恐怖症で、ロープウェイもジェットコースターも乗れない男なのだ！

飛行機より、自動車事故の方がリスクが高いと言われるが、人間はそのように合理性だけで生きてはいな
ロボットと人間の違いはまさに非合理な恐怖を覚えるか否かだろう。したがって飛行機の恐怖を鎮
ためには、CAは女でなければならない。

だからわしは飛行機が離陸してからずっと、機体の数カ所をフォース（念力）の輪で包むことを忘れない。
AN AIRLINES
カタ カタ カタ カタ
ゆ…揺れ始めた！
フォースリング強化！
ぬううううう
ひゅいん
ひゅいん
ひゅいん
よ〜〜〜し、揺れが収まった！
今のは疲れたな。
ハァー
ハァー
ハァー

食事を終え、ふと目を落としたページの一節が、わしの心を摑(つか)んだ。
「わたしはドレイの平和よりも危険な自由を選ぶ」
この言葉はルソーが「民主制がいかに困難なものであるか」を説き、市民に覚悟を求めるために引用するのだが、
人生哲学としても有効な名言だ。
そうとも！今、わしは「重力のドレイ」でいるより、空を飛ぶという「危険な自由」を選んでパリに行く！
JAPAN AIRLINES
「わたしはドレイの平和よりも危険な自由を選ぶ」
もちろんこの言葉は国家・国民の選択を迫る言葉でもあろう。
近代の日本は帝国主義の世界情勢を見て、「ドレイの平和」に屈従せず、明治維新を行って富国強兵し、帝国主義の「危険な自由」に挑戦した。

日清・日露戦争に勝って、やっと一等国と認められ、米国との不平等条約を解消したのだが…
ドオォン
その後の戦略を誤り…
米国との戦争で敗れた。
そのショックがあまりに強すぎて、戦後の日本は「ドレイの平和」を選んだ。
平和がずっと続いてきたのは憲法9条のおかげだー！
憲法9条にノーベル平和賞を一っ！
戦争反対！
家に帰ったらご飯を作って待っているお母さんがいる幸せが平和よーっ！
WAR IS OVER
WAR IS OVER
peace
NO WAR
9条守れ
WAR IS OVER
PEACE NOT WAR
強行採決反対
とりま廃案
peace NO WAR
WAR IS OVER
#本当に止める
戦争立法絶対反対
この奴隷たちは、米軍が日本を守っているという事実から目を背ける。

憲法9条で「盾・矛」の両面を持つ軍隊を失い、「盾」だけの自衛隊を持って、「矛」は米軍に任せる年月がずっと続いている。
9
それを平和憲法のおかげと言っている者がいるが、アホなのか、自己欺瞞なのか、どっちかでしかない。
自衛隊だけではこの国は守れない。
「憲法9条」と「日米安保条約」は一枚のコインの裏表だ。
切り離すことはできない！
日米安保
9
敵国を攻撃できる米軍に守られてるから、平和に見えてるだけである！
peace
NO WAR
WAR IS OVER
9条守れ
強行採決反対
peace NO WAR
本当は日本にある米軍基地から、ベトナムへの侵略戦争も行われたし、イラクへの侵略戦争も行われた。
日本は米軍の兵站基地として、とっくの昔に戦争協力している。
ベトナム人から沖縄は「悪魔の島」と呼ばれていたのだ。

ケント・ギルバートは、わしにリップサービスで言ったのかもしれない。明確にしておくが、自主防衛と単独防衛は違う。自主防衛の体制を整えれば、他の国と安保条約を結ぶことは出来るのだ。さらに安保条約と同盟関係も、また違うと言っておく。

「朝まで生テレビ!」に出たときの控え室で、ケント・ギルバート氏がわしに言った。
大体、日本人は自国に外国の軍事基地があるのに恥ずかしいと思わないんですか?
!
それはわしがいつも日本人に言っている言葉ですよ!
ギルバート氏は番組でわしが「自主防衛」を目指していると知り、独立国の民なら誰でも思うはずの違和感を、わしに言ったのだろう。
こういうアメリカ人には好感を持つ。
ト・ギルバート
まず自分の国は自分で守れるようにして、それから日米安保を結び直しましょう。
「安保法制」の議論でも、今の日本人は米国に、「ややついて行け」派と「力いっぱいついて行け」派の二派しかいなかった。
賛成
同盟
反対
九条
しょせんが日本人は、米国パパのニートなのだ。
いやいやながらパパの言うことを聞きたい!
すごく素直にパパの言うことを聞きたい!
この二種類のニートしかいない。
米国パパからの自立は誰も考えてない。

「わたしは
ドレイの平和よりも
危険な自由を選ぶ」

従米保守が
憲法改正すると
言ったって、
しょせん米国に
ついて行くための
改憲なら
くだらない。

侵略戦争には
協力しないと
はっきり断る権利を
日本は持たない。

支持する声明を
出したり、
後方支援を
やらされてしまう。

米国の大統領選でトランプ氏が「日本の米軍基地は撤退させる」と言ったが、従米派はさぞ恐怖した
だろう。だが、自分の国は自分で守るのは基本である。普段から自主防衛の覚悟を国民に説いてい
のが真の愛国者だ。

それは日本が国家主権を持たないからだ！
外交主権を持たないからだ！
権力行使の最終的な決定権が、米国の思惑によって左右される状態では、
日本の国家主権が確立しているとは言えない！
ドレイの平和か？
危険な自由か？
君たちはどちらを選ぶ？
言っておくが「平和な自由」なんて甘ったれた選択は個人の人生にもない。
自由には必ずリスクが伴うのだ！
ましてや国際社会では、紛争・内乱・戦争・テロなどのリスクは日常茶飯事で軍備ぬきの「平和な自由」など絶対あり得ない！

ごーまんかましてよかですか？
わしは日本が国家主権を取り戻すべきだと思っている！
「ドレイの平和」より「危険な自由」を選ぶべきである！
とりあえず今はフォースリングに集中――っ！
ひゅいんひゅいんひゅいん
ひゅいいいいん‥

ゴーマニズム宣言
SPECIAL
民主主義という病い
第4章
お前の死ぬことが国家に役立つのだ

シャルル・ド・ゴール空港に着き、タクシーでホテルに向かう。
機内でほとんど寝なかったから頭がフラフラだ。
今回の旅には妻と秘書を伴っている。
「パークハイアット・ヴァンドーム」に到着。
PARK HYATT PARIS
OFFICINE PANERAI

部屋にチョコとシャンパンが用意されていたので、3人で乾杯。
今からどうするの？睡眠不足だから寝るんですか？
まだ夕方だから寝ちゃいかん。
みなぼん、いいか、今回のパリ見聞はいつか必ず作品で描くことになる。わかってるか？
はいっ！仕事ですよね！
そうだ。仕事だ！
ちゃ～～～んと記録しておくんだぞ！
はいっ！
一部始終レポートを書きます！

一見、すごい贅沢をしているようにみえるかもしれん。
しかし、それもわしの計算のうちだ。
計算ずくの贅沢ですか？
そうだ！罠だ！
今、日本は中流が崩壊して、下層が著しく膨張している。
それなのに政府はグローバリズムで経済成長という空虚な掛け声で金持ち優遇策しかとらない。
ところが、それでも国民は金持ちからのトリクルダウンを大人しく待っている。
子供の6人に1人は貧困で、カロリーが足りていないのに国民は怒らない！
非正規社員が4割になり、貧困層が増えるばかりの社会に否と言わない！
この社会を批判するには、資本主義の強者でなければならない！エセ・エリート達を馬鹿にするために！
国民は超格差社会を受け入れ始めた！
わしはそのドレイ根性に警鐘を鳴らす！

なるほど〜。先生は何から何まで計算している！
わしは恐ろしい男だよ。
妻にはコーディネートを一切任せているので、電話ばっかりかけて忙しい。
あいつさ〜、パリへ来て、へたっぴな英語であちこちに電話して予約をとるからな。図々しいよな。
それはちがいます。度胸がすごいです！
先生がフランス語で予約すればいいのに！
大学の頃はペラペラだったが今は全部忘れた。
パリに住めば全部思い出すからいいんだよ。
パリに住む？
住もう住もう！
相撲がない国には住まん！
どす
こいっ。
それダジャレじゃん。
私、『レ・ミゼラブル』読んでたんだけど、飛行機の中で2巻まで読んだよ。
フランス革命当時の世相がわかって面白いね。
先生は何読んでるの？

『社会契約論』だよ。「SAPIO」の連載『大東亜論』が「自由民権篇」に突入するから、
中江兆民や植木枝盛がこれから何を学んだのか確認しておかなきゃならん。
大東亜論
小林よしのり
小林よしのり
民主主義のこと？
クラスの学級委員を選挙して多数決で決めてたよね。
民主主義は国民主権なのに、原発でも安保法制でもTPPでも世論を無視して政府は勝手に決めるもんね。
公約と正反対のことだってやるから日本は民主主義じゃないよね。
まあ、政府の政策にはわしも反対だけど…
日本は間接民主制であって選挙で今の与党が勝ったんだから仕方がない。
あんまり単純に学級民主主義に嵌(はま)ってもしょうがないな。
学級民主主義？
学校のクラスで教わる理想と善悪だけの学級民主主義と、
国家レベルの権力と欲得を調整する民主主義は違う。
世界各国の民主主義の形式も違うしな。
民主主義

そもそも日本人は民主主義をなめている。
民主主義はそんなに素晴らしいものではない。
ルソーによれば、民主主義的な国民国家の原則はこうだ。
「統治者が市民に向かって『お前の死ぬことが国家に役立つのだ』というとき、市民は死なねばならぬ。」
「なぜならこの条件によってのみ彼は今日まで安全に生きてきたのであり、また彼の生命はたんに自然の恵みだけではなく、国家からの条件付きの贈物なのだから。」
ルソー
社会契約論
こ…こわ〜〜〜。
ヨーロッパの絶対王政の時代は、国王が雇った傭兵が、国王のために戦っていた。
国民軍じゃないんだ。
中国共産党の人民解放軍が、共産党のために戦うのと一緒で、中国にだって国民軍はない。
フランス革命で、市民が王様から主権を強奪したんだから、その後の国を守る兵隊は市民でつくる軍隊になる。
国軍の誕生だ。

市民（citoyen・シトワイヤン）とは、住民のことじゃない。
国民のことなんだ！
「国民は国のために死ななければならない」
それが民主主義の原則なんだぞ！
フランスの国歌は「ラ・マルセイエーズ」だが、その歌詞をよく見よ！
進め 祖国の子供らよ、栄光の日が来たのだ！
我らを虐げし暴君の血塗られた軍旗は掲げられた
聞こえるか、戦場の残忍な敵兵の咆哮が？
汝らの妻と子の喉元をかつ切るために、奴らは我々の元へやってきているのだ！
武器をとれ、市民たちよ自らの軍を組織せよ
いざ行かん、いざ行かん！
奴らの汚れた血を、我らの田畑に飲み込ませてやるために！

血なまぐさい歌ね〜〜〜。
きさまらぶっ殺すぞ〜〜〜〜〜！
血の海に沈めてやる〜〜〜〜〜！
…という国歌だな。
君が代の方がいい〜〜〜。
「ラ・マルセイエーズ」はフランス革命のときに、マルセイユからパリに駆けつけた義勇軍が口ずさんだことから、一躍有名になった。
「ラ・マルセイエーズ」は、「ラ」と「マルセイエーズ」の間に入っていた「アルメ（アーミー・軍隊）」が抜け落ちた言葉だ。
マルセイユの軍隊の歌だったんだな。
日本人は民主主義、民主主義と言いながら、戦争反対、徴兵反対と、平然と言っているもんね。

馬鹿じゃないか！
国民による国家は、
フランスでも、
日本でも、
「国民皆兵」で
スタートしたのだ！
ごーまん
かまして
よかですか？
日本のドレイどもは
そんなことも
知らずに、
民主主義バンザイと
叫んでいる！
ドレイに
民主主義は
いらん！
ドレイは
市民ではない
のじゃけん!!
9条守れ
WAR IS OVER
強行採決

第5章
「国民軍」ゆえのナポレオンの強さ

今は日本時間では24時半だが、パリの現地時間は17時半、
今から寝るわけにはいかない。
外はまだ明るいもんね〜〜〜〜。
じゃ、散歩しようか?
わ──い!

パリの街並みは世界遺産にもなっているらしいが、建物が整っていて実に美しい。
東京のような広告だらけの雑然とした街並みとは全然違う。
建築物の高さがそろっていて、高層ビルが景観を邪魔することがない。
パリの建築基準は日本とは比較にならないほど厳しいらしい。
露骨な広告が見当たらない。
電線が100%地中に埋まっている。
街全体の美観を守ろうとする意識が感じられる。
きれいだね〜〜〜♡
しかし、この華の都・パリも昔はうんこだらけだったんだぞ。
ええっ!?
日本の江戸時代よりもはるかにうんこだらけの街だった。
みなちゃん、聞かない方がいいよ。

フランス革命の頃のパリは、まだ道路はゴミ・汚物の捨て場で、道路の真ん中が下水溝になっていて、真っ黒な汚水が流れていて、すごく臭かったんだ。
セーヌ川も汚物処理業者が汚物を投げ捨てるどぶ川だった。
馬車が交通手段だったから、何万頭もの馬が大小便をするし、人も立ち小便をしていた。
公衆トイレもなく、各人の家屋で肥溜め(おまる)を常備していて、二階の窓から汚物を街路にぶちまけていた。

女性は上から降って来る大小便を避けるために、傘が必需品だった。
ハイヒールやフロックコートは汚物対策で流行したものなんだぞ。
風呂に入る習慣もないから、身体が垢だらけで、体臭がすごかったらしい。
だから香水が発明されたんだ。
ルイ14世はパリの悪臭が耐えられずに、パリから離れた地にヴェルサイユ宮殿を造ったんだな。
もう聞きたくな～～～い！

中村江里子は元フジテレビのアナウンサーで、今はフリー。フランス人と結婚してパリに住んでいる。
中村江里子※の『12年目のパリ暮らし』を読んだら、今もパリはトイレが少ないし、見つけても汚いらしい。
犬のフンの始末をしないし、タバコのポイ捨ても多いし、デパートの店員は不機嫌で、タクシーの運転手も愛想が悪いらしい。
だから我々はパリの上澄みだけを見て味わおう。
過大な幻想を持つまい！
わかったよ。今のパリよ！
しかも表面だけのパリを楽しむから！
この辺は高級ブティックやチョコレート屋やお菓子・パン屋も多いわね♡
表面的にはきれいだな〜〜〜あ！
そして街のあちこちにカフェやブラッスリー、ビストロがあって、絵画みたい♡
上っつらの見せかけはステキだな〜〜〜あ！

カフェでは
外のテラス席で
食べてる人が多くて
いかにも「巴里」の
風情だわ〜〜〜♡
表向きの
うわべだけの
外見上は
トレビア
〜〜〜〜〜ン!
あ〜〜〜っ!
これもパリか
〜〜〜〜〜っ!?
金
KiM
JAPONAIS
「RESTAURANT JAPONAIS」
と書かれ、「寿司」と書いた
赤提灯をぶらさげながら、
その店名は「金(KIM)」という
店を発見!
RESTAURANT
寿司
んぎゃ
〜〜〜っ!
まともな
日本食を
出している
わけがない!
パリの幻想、
ぶち壊し
〜〜〜〜っ!!

ヴァンドーム広場に立っている巨大な柱、そのてっぺんにはローマ時代の格好をしたナポレオンの銅像が立っている。
おお、ナポレオン！
英雄だ——っ！
男の人ってナポレオン好きだよね。
「ああ、ルソーよ！なぜあなたは60年しか生きなかったのですか？」
そう嘆くほどナポレオンは若い頃からルソーの思想に傾倒し、フランス革命の成果を確実にした英雄なんだ。
民主主義のために戦った人なわけ？

でも、ナポレオンって皇帝になったんでしょ？
それに関してはナポレオンはこう言っている。
「私は、つねに主権は国民にあると考えていた。事実、帝政は一種の共和制なのだ」
ナポレオンはこうも言っている。
「私は古代ギリシアの共同体国家（ポリス）が行ったことを、この国で実現したかったのだ」
ナポレオンは国民による近代国家を完成させたかったのだ。
フランス銀行や証券取引所の設立、間接税の確立、公教育の実施、高等学校の生徒に制服を導入することによって、社会の一員の自覚を持たせるようにしたのもナポレオンである。
そしてパリの街角に噴水を設け、基地や、広場、市場、河岸を整備し、ルーヴル美術館の拡張工事を行い、凱旋門の建築を命じた。

さらにナポレオンは近代国家に必要な「国民軍」の威力を証明した。
ナポレオン率いるフランス軍は、瞬く間にヨーロッパ全域を支配下においた。
なぜフランス軍は圧倒的に強かったのか、わかるか？
わからへん。
ドーン
最大の理由は、これが世界史上初の「国民軍」だったからだ！
当時のヨーロッパ各国王政の兵士はカネで雇われた「傭兵」か、プロイセンのように、無理矢理、兵隊にされた農民だった。当然、士気は低かった。
それに対してフランスはフランス革命を経て、軍は王政の支配から脱した「国民革命軍」となり、兵士は徴兵制となった。

フランス革命で封建制度は打倒され、政府は亡命貴族の領地を没収し、農民たちに与えた。
対外戦争でフランスが負けてしまったら、フランスに王政が復活し、亡命貴族たちが戻って来る。
せっかく革命によって手に入れた土地と自由が失われてしまう。
我々の土地、我々の自由を守るという気概がフランスの市民には芽生えていたのだ。
一人一人の士気が非常に高く、しかも徴兵制だから、いくらでも兵の補充がきく。
質・量ともに、従来の傭兵とはまったく比べ物にならなかったのである。
さらに、ナポレオンは「自由・平等」の旗を掲げて戦争を行ったため、敵国に攻め入っても、その地の民衆から支持された。
ワーワーワー

フランス軍は「民衆を圧政から解放する革命軍」であるとしたので、各地の民衆は、ナポレオンの軍隊が自分の国に攻めてきて、封建制度を打ち倒すことを期待し、協力したのである。
戦術面でいうと、フランス軍の強さの秘訣はその機動力にあった。
ザザザ
ザザザ
フランス兵はとにかく士気が高かったため、一所懸命に走り、夜間や雨中の行軍をも厭(いと)わなかったのだ。
フランス軍は敵地の民衆の協力があるため、現地で必要な物資を調達でき、軽装備だったから走ることができた。
他国の軍のように、数カ月分の食糧を荷車に積んで引っ張っていく必要がなかったのだ。

こうして機動力を活かし、
戦術の天才・ナポレオンは、
歩兵・騎兵と共に
砲兵を活用し、
勝利を収めた。
そして、ナポレオン自身の
カリスマ性も、
フランス軍の士気を
大いに高めたのだった!
オオオ

ベートーヴェンは当初、
ナポレオンを絶賛していた。
当時の一流音楽家は
貴族をパトロンにつけ、
貴族のために演奏や作曲をする
ことで生活していたのだが、
プライドの高いベートーヴェンは、
貴族に媚びるのが
嫌でたまらなかった。
当然、貴族社会なんか
早く潰れてしまえと
思っていたために、
フランス軍の進撃に
最大の期待を抱き、
ナポレオンに
心酔したのである。
ところがベートーヴェンが、
ナポレオンをテーマにした
交響曲「ボナパルト」を
完成させたちょうどその時、
ナポレオンが皇帝に即位した
というニュースが届いた。
それを聞いて
ベートーヴェンは激怒した。
あの男も
俗物だった！

自由・平等を目指していた人物が、自ら「皇帝」の地位になどつくわけがない。
ベートーヴェンは交響曲に新たに「一偉人の追憶をたたえるための英雄交響曲」という題名をつけた。
通称、交響曲第三番「英雄」である。
だが、ナポレオンに言わせればベートーヴェンの失望は誤解なのかもしれない。
私は、つねに主権は国民にあると考えていた。事実、帝政は一種の共和制なのだ。
…そう言っているのだから。
しかし、当初はフランス軍を歓迎していた諸国民の態度も変化する。
支配者が封建領主からフランスに代わっただけ、という不満の声が高まり、抵抗運動が始まったのだ。
ナポレオンが「自由・平等」という考えを広めた結果、各国で民族意識が芽生えたのだった。

最初にフランスの支配に
抵抗したのは
スペインだった。
一般の市民たちが
ゲリラ戦を
始めたのである。
ナポレオンは反乱鎮圧の
ために最終的に
30万の軍隊を投入するが、
成果は上がらなかった。
相手が正規軍なら
フランス軍は無敵だった。
だが、これは史上初めて
経験するゲリラ戦だった。
ゲリラはどこにいて、
いつ襲ってくるか
わからない。
そもそもゲリラと
一般市民との
区別もつかない。
フランス軍は報復のために、
怪しいと思ったスペイン人を
次々に処刑し、
スペイン人の憎悪と
抵抗の意識を
さらに煽(あお)ることになる。

こうしてフランス軍は革命軍から単なる侵略軍に転落。
そしてナポレオンは最後までスペインの反乱を鎮圧できなかつた。
さらにナポレオンは1812年にロシア遠征を行い、60万という大軍で侵攻するが…
ロシア軍が決戦を徹底的に回避し、後退戦術をとつたため、フランス軍はまんまとこの罠にはまつてしまうのだ。
食糧を現地での徴発に頼つていたフランス軍は、すでにロシア軍の徴発の後に侵攻して来ることになるので、食糧不足で飢えに苦しめられることになる。

フランス軍がモスクワまで占領しても、ロシア軍は降伏せず、徹底抗戦する。
そのうち冬将軍が襲来して、飢えと寒さと疲労で、フランス軍には脱走兵が相次ぎ、ナポレオンは撤退を決意するのだ。
こうしてみると、国軍の可能性と限界はすでにナポレオンが証明していたことになる。
日本も近代国家として国軍を作り、徴兵制を敷いて、日清・日露戦争までは無敵の強さだったが…
シナ事変以降、首都・南京を陥落させても、国民党軍は降伏せず、重慶まで後退して徹底抗戦する。
そして日本軍は民間人の服で戦う便衣兵（ゲリラ）に悩まされて、泥沼に陥っていくのだ。

アメリカも、国軍でベトナムを侵略したら、ベトコン(ゲリラ)に悩まされ、敗退してしまった。
それでも懲りずに、アフガン・イラクを侵略したが、やっぱりゲリラとテロ集団に悩まされ、大失敗している。
ドオ〜
国家の正規軍はゲリラやテロリストに弱い。
だからよしりん先生はイラク戦争に徹底的に反対したのね。

ごーまんかまして
よかですか?
わしは、中東で、
自衛隊が米軍の
後方支援することを
一番恐れる。
自衛隊は
「盾」と「矛」の両面が
そろってないから
「国軍」ですらない。
中途半端な自衛隊で、
ルール無視の
非対称の戦闘員と
戦うことは、
あまりにも危険である!
ナポレオンは
ワーテルローの戦いに敗れ、
絶海の孤島・セント=ヘレナへの
流刑に処せられる。
そして1821年、
51歳の生涯を終えた。
だが、孤島で口述筆記
させた回想録
『セント=ヘレナ日記』が
出版されると、たちまち
ベストセラーになり、
「ナポレオン伝説」は
見事によみがえるのである。
民主主義の国を
守るためには
国軍が要る!
ナポレオンが
世界で最初に
それを証明した!

秘書みなぼんのトレボンⅠ ヴェルサイユ宮殿①

ヨーロッパ最大級の規模を誇る宮殿「ヴェルサイユ宮殿」にて。
贅を尽くした宮殿を見て回った後、「おぼっちゃまくんは甘かった!!まだまだ描けるぞっ!!」と言っていた先生ぼん。
アイデアが噴出した模様。

↑宮殿に入って直ぐ、1789年5月4日・5日に行われた「全国三部会」の様子が描かれた絵が飾られている。また「戴冠の間」には、ダヴィッド作『ナポレオン一世の戴冠式と皇妃ジョゼフィーヌの戴冠』などナポレオンに関する絵が見られる。どの絵もデカイ!!

↓「メルクリウスの間」ルイ14世が逝去した際には、ここに遺体が1週間安置されたそうだ。1週間も!!こ、怖い!!

第6章 民主主義と共和主義の違い

はらへったな…
その一言を待ってました！
はらへったな…
含蓄ある〜〜〜っ！
はらへったな…
芭蕉より深いですねっ！
やめなさいっ！ビストロに入るよっ！

CHOISEUL OPERA
Café du Cadran
いいね、ビストロ。
パリ市民が何食ってるか知りたい。
さっそくフランス語のメニューだ。わしが読むしかない。
サラド・ペザンってこれ田舎風サラダじゃねーかな？
シャンボンはハムかな
フロマージュはチーズかな？
ヘタクソな文字だな〜〜〜…
大皿に盛られたサラダは揚げた白身魚、ポテト、チーズ、生ハム、色とりどりの野菜で、結構なボリュームだった。
あっいけるね〜。
ワインに合うじゃん。

花売りが店に入って来て近づいてくる。
男の花売りってなんだか不気味だ。
移民かな〜〜？
日本人は人がよくてカネを持ってそうだから、なめられる恐れがある。
不要ならはっきり断った方がいい。
よし！みなぼんにやらせよう！
みなぼん、わしらの子供と思われるから、酒飲んでていいのかな？
ふ〜〜〜んだ。大人です！
飲めるし〜〜〜〜！
いやあ、そうは言っても子供に見えたら飲めないのでは？
飲めるし〜〜〜〜！
Oh…

あれ？
去って行ったよ。
なんで？
おまえが
「ノン・メルシー」って
言ったから！
「結構です」って
意味だろ？
あ〜〜〜〜っ、
私をひっかけたね
〜〜〜〜っ！
飲んめるし
〜〜〜〜！
飲んめるし
〜〜〜〜！
フランスは、カナダや
アメリカに劣らぬ
移民大国だから、
移民の境遇も
ピンからキリまで、
貧乏人もいっぱい
いるだろうが、
サルコジ前大統領は
ハンガリー移民２世
だったらしい。
ムスリムの女学生の
スカーフを禁止して、
問題になった学校が
あったね。
フランスは
政教分離が
原則だからね。

イスラム教のアラーを風刺画にした「シャルリー・エブド」という出版社が襲撃された事件もあった。
フランスにおいて「自由」の概念は強烈に強いから、レベルの低い風刺画でも「表現の自由」として守らねばならない。
CHARLIE HEBDO
CHARIA HEBDO
くだらん風刺画でイスラム教徒を侮辱するなよとわしも思うのだが、フランス人には通用しない。
日本では差別語や差別表現は自粛だらけだ。
しばしばマイノリティーを自称する団体が、広告や作家の記述に抗議して撤回させたりする。
フランスでは「表現の自由」の抑圧に映るだろう!
自由の国では「表現の自由」の重みが違う!
しかし、「シャルリー・エブド」のテロ事件のときは悩ましい局面だった。
フランスの歴史人類学者のエマニュエル・トッドは、フランス国内の同調圧力に苦慮しながら、風刺画の方を批判した。あれは感心した。
JE SUIS CHARLIE

私も言論の自由が民主主義の柱だと考える。だが、ムハンマドやイエスを愚弄し続ける「シャルリー・エブド」のあり方は、不信の時代では、有効ではないと思う。移民の若者がかろうじて手にしたささやかなものに唾を吐きかけるような行為だ。ところがフランスは今、誰もが「私はシャルリーだ」と名乗り、犠牲者たちと共にある。
共和国の理念では、個人の属性は、私的領域であって、公的領域では「自由・平等・友愛」の理念を尊重するのが社会契約なんだ。
個人の宗教や民族や職業や肌の色は「私的領域」であって、
フランスの「公」は、「自由・平等・友愛」でまとまることなのね。
そう！共和主義は多文化主義ではなく、同化主義が原則なんだな。
共和主義と民主主義ってどう違うの？
その違いって日本人はよく分かってないよね。
知識人も誤って使っているみたいだ。

フランスは革命で民主主義を達成したって言われるけど、国名は「フランス共和国」だよね。
『ベルサイユのばら』で読んだわ。
ルイ16世やマリー・アントワネットをギロチンにかけて、王政を廃止して、
国民が主権を奪い取ったのがフランス革命よね。
王様がいなくて、国民が主権を持つ国が共和国なのかな？
日本の知識人は「共和国・共和主義」と言ったら、君主制を否定する国と思ってるようだな。
違うの？
違うよ。共和国って「代議制」の国ってことだから。
フランス革命（1789）より先に、アメリカの独立革命（1776）があった。
イギリスの植民地だったアメリカの13州が本国に対して独立戦争を起こした。
フランスはそのときアメリカを応援して財政が傾くんだがな。

アメリカはイギリスからの独立後、まだ各州が分立していたが、連邦政府をつくる必要性を訴えて、A・ハミルトンらが『ザ・フェデラリスト』という論文集を作る。
ザ・フェデラリスト
この中で、ハミルトンらは、古代の「直接民主制」を想起させる「民主制」という言葉を避け、「共和制」という言葉を使ってるんだ。
ザ・フェデラリスト
小さな規模の、濃密な共同体においては、「直接民主制」は可能かもしれない。
だが、大きな規模の、複雑な国家においては「直接民主制」は不可能だ。
だから、ハミルトンらは「共和制」を採用して、アメリカの諸州を束ねるべきだと訴える。

共和制は大きなサイズの国家に有効だ。我々は代表制で、権力を分立させたシステムを採用して、連邦国家となろう！
…そう訴えるんだね。
えっ？共和制は代議制で、民主制は直接民主制のことなの？
実はそうなんだな。「民主制」は厳密には直接民主主義のことで、
間接民主主義・代議制は「共和制」と言った方が正確だ。
ルソーはこう言っている。
民主制という言葉の意味を厳密に解釈するならば、真の民主制はこれまで存在しなかったし、これからも決して存在しないだろう。
もし神々からなる人民があれば、その人民は民主制をとるであろう。これほどに完全な政府は人間には適しない。

この言葉は深いね。真の民主制は過去にも将来にも、決して実現しない！と言っている。
その上、民主制は人間には無理とまで言っている！
ええ〜〜〜〜〜っ!?
民主主義の原則は直接民主主義なんだ！
実はこれを実現した国は存在しない！
共産主義と一緒で、ユートピアなんだな。
そりゃあそうだろう。国民全員の意見が直接反映される国なんて、あり得ない！
なるほど…国民主権なんて言っても、私は女性宮家を創ってほしいのに無視されるし、脱原発も叶わないし、ＴＰＰも勝手に進められるし…
何一つ私の意見は反映されないもんね。
パキパキパキ
だからといって、次から次にデモやってゴネてもしょうがない。
選挙結果が民意なんだから！
日本だけでなく多くの近代国家は、間接民主主義の共和制なんだから！

そしてルソーは現実的な制度としては、共和制を支持している。
法によって治められる国家をその行政の形式がどんなものであろうとすべて共和国とよぶ。なぜなら、その場合においてのみ、公けの利益が支配し、公けの事がらが軽んぜられないから。すべて合法的な政府は、共和的である。
民主主義って理想に過ぎなくて、現実的には共和制だと言ってるのね。
代議制が共和制なら日本もそうなの？
日本には皇室がありイギリスには王室がある。
だが、イギリスも日本も制度としては代議制、間接民主主義だから「共和制」と言える。
へ〜〜〜〜え。日本も共和制と言っていいんだ！

ナポレオンの言葉を思い出してごらん。
「私は、つねに主権は国民にあると考えていた。事実、帝政は一種の共和制なのだ」
あっ、そういうことか！
共和制（リ・パブリック）の語源はラテン語の「レス・プブリカ」で、「公共なるもの」という意味だ。
古代ギリシアの「共和政」は、（民主制）（貴族制）（君主制）という3つの国家形態を包括した概念だったんだね。
つまり、共和主義は、「君主制」でも「貴族制」「民主制」でもよいんだよ。
ぐびり
君主を倒して、革命を起こしたら共和制というわけじゃないんですね。
はぐり

なるべく大きな規模の「公共なるもの」を生み出せばいいんだから、共和主義は極端に言えば、為政者が独裁者でも「徳」があればいいということになる。
コン。。
したがって歴史的存在である君主のいない共和制国家の方が独裁者は出現しやすいと思われる。
その男は突然、人々の歓声を浴びて権威と権力を手に入れ、「公共なるもの」を勘違いさせて、破滅へ導いてしまう。
権力を持たない「徳」のある君主がいた方がいいな。
私、天皇さまがいてくれてありがたい。
君たちの感覚は正しいね。
天皇がいなけりゃわしは独裁者を目ざしていたはずだからね。
若い頃は何度もそれを夢見ていたものさ。
この堕落した日本を根本から立て直すには、わしが独裁するしかないってね！

天皇さまがいてくれてよかった〜〜〜っ
おっ…きさまら…
フランスは革命後に、王政を廃止しなくてもよかったのかな…？
ごーまんかましてよかですか？
必ずしも君主を倒さねば共和制ができないということではない。
なのに王様をギロチンにかけたフランスが果たしてよかったかどうか……？
だが当時の貧困にあえぐ民衆は、王家の贅沢に嫉妬し、暴走してしまった。
多分に誤解が多く愚かだとわしは思うが、集団ヒステリーに罹った人間は止められない。

民主主義という病い

第7章
フランス革命、その残酷と希望

ホテルの朝食はビュッフェ形式で、クロワッサン、チーズ、オレンジジュースが美味い。
野菜スティックも味が濃くて美味いのがさすがヨーロッパ最大の農業国だ。
フランス革命はなんで王様までギロチンにかけたの？
そもそも王制を廃止しなければ共和制にできなかったの？

日本には、天皇制を廃止しなければ、民主主義ではないと、未だに思ってる強烈な馬鹿がいるからなあ。
イギリスに王制があるのを見れば、一発でわかるだろうに。
ようするに革命に憧れてるんだな。
しょうがない。フランス革命を超簡単に説明しておこう。
あっ、知りたい！
いかに革命が狂熱的で、暴力三昧で、残酷なものか、教えておかねばなるまい。
1780年代、ヨーロッパでは国王が主権を持ち、統治していた。
王権神授説による絶対王政の時代だ。
アメリカはすでに1776年、イギリスからの独立宣言をしていたので、すでに国民の代表が国を統治する連邦制になっている。

フランス国内の身分制度は聖職者(第一身分) 貴族(第二身分) 平民(第三身分)に分かれ、聖職者と貴族は免税など特別扱いされていた。
王
この旧体制を「アンシャン・レジーム」という。
聖職者
貴族
平民
1783年、アイスランドのラキ火山が噴火し、日本でも浅間山が噴火したのだが、この時代は世界中で異常気象が続いていた。
ドオオオーン
人類の歴史に、こういう気候変動も大いに影響するんだな。
フランスでは飢饉で食糧不足となり、パンの値段が高騰し、平民はいよいよ生活が追い詰められてしまった。
そもそもアメリカの独立戦争を支援したことも原因で、フランスの財政は窮地に陥っていたのである。

そこで国王ルイ16世は財政改革に着手した。
ルイ16世は暴君ではない。
平民にはこれ以上の負担は無理だと、聖職者と貴族から税金を徴収しようとしたのだ。
だが、これが既得権益を守りたい聖職者と貴族から激しい反発を招き、挫折する。
Non
貴族たちは、1615年以来、開いてなかった「全国三部会」を召集し、議決されれば税金を払うと主張した。
貴族には「三部会」で王権を制限し、国政を支配しようという企みがあったのだ。
国王はやむを得ずそれを承認した。これが全ての災いの元だった。
ルイ16世は人が好すぎたのだ。
すでにモンテスキューの「三権分立」や、ルソーの「社会契約論」や、ディドロの「百科全書派」などの啓蒙思想家によって、アンシャン・レジームを攻撃する下地ができていた。
百年以上、開かれていない「全国三部会」を開くとなると、第三身分（平民）が政治に目覚める。

1789年5月5日に
全国三部会がスタートしたが
議決の方法から聖職者・貴族と平民たちの合意ができず、40日間も迷走した。
愛想をつかした平民たちは勝手に自分たちの議会「国民議会」を立ち上げ、正式に認めるように国王に要求する。
平民たちは、国民議会が承認されるまで解散しないと宣言した。これを「球戯場の誓い」という。
ルイ16世はやむなく「国民議会」を承認。
ところが国王は、聖職者・貴族たちから、平民に圧力をかけるために軍隊を集結するよう強要される。
平民と軍隊の間で緊張が高まる中、ルイ16世は平民に人気のあった財務大臣を罷免する。

これをきっかけとして、平民の怒りは爆発。
7月14日武器を手にバスティーユ監獄を襲撃する。
ドオーン
そしてあっさり陥落させてしまう。
監獄を守る司令官も、市長も殺され、平民は彼らの首を槍の先につけて勝利の行進をした。
翌15日、国王は平民の前に屈し、議会に出かけて軍隊を引き揚げると約束し、彼らの要求を受け入れた。
Vivez notre roi
すると平民から「国王万歳」の声が沸き上がった。
旧体制の打破なのに、「国王万歳」と叫ぶの？
平民にとって、国王は慣れ親しんだ「父」のようなものだ。そう簡単に権威は失墜しない。
この時点では人々にとって国王は敵ではなかったんだ。

バスティーユ陥落の報を聞いた各地の民衆は暴徒化し、争乱が広がっていく。
調子にのった国民議会は、1789年8月26日に「人権宣言」を採択。
国王に承認を求めるが拒否される。
この人権宣言では、第一条に「人は生まれながらにして自由かつ平等の権利を有する」と謳(うた)い、国民主権・基本的人権の尊重・法の下の平等・所有権の確立などを宣言した。
だがこの人権宣言は、女性に政治参加の権利がなく、男性のみの人権宣言だった。
10月5日、ますます物価が上がる中、武器を手にした約7000人の女性たちが「パンをよこせ」と叫びながら、あろうことか国王ルイ16世と王妃マリー・アントワネットが住むヴェルサイユ宮殿に向けて行進を始める。

そのデモ隊は、主婦・洗濯娘・娼婦が中核だった。
運悪く居合わせたパン屋は街頭で縛り首にされ、もはや暴徒の状態である。
国民衛兵などの兵士、市民が加わり5万人に達した集団は、宮殿前で夜通し乱痴気騒ぎを繰り広げ…
なんと一部は王妃の部屋の中まで侵入したが、王妃は危うく難を逃れた。
国王は王妃と皇太子を伴い、バルコニーに出て、民衆の要求に従うことを表明。
人々は「国王万歳」と歓声を上げる。
Vivez notre roi
そして同時に「パリへ」と叫び出し、国王一家に、パリへ移り住むよう要求した。

なんだかな〜〜〜〜。
乱暴狼藉して「国王万歳」と言って、また要求ですか？
甘えてるね、民衆、大嫌い！
でも中心は女たちだよ。
さらに女たちに引っ立てられ、国王は家族と共にパリのテュイルリー宮殿へ護送される。
国王は「人権宣言」を承認した。
歴史家ミシュレは「男たちがバスティーユを奪取し、女たちが王を奪った」と言った。
この時期までは、ミラボーやラファイエットら穏健な革命家が民衆を指導し、王制を廃止する考えはなかった。
1790年、革命の旗として三色旗が採用された。
赤と青はパリ市の紋章、その真ん中に白の王家がはさまれていた。

1791年6月20日、国民に蹂躙され、王としての尊厳を失いっぱなしのルイ16世は、革命の進展に不安を抱き、ついに危険な賭けに出る。
家族と共にテュイルリー宮殿を抜け出し、国外脱出を目指したのだ！
国境沿いのモンメディ要塞をめざし、王妃の出身であるオーストリアに亡命しようとした。
モンメディ
パリ
フランス
オーストリア
だが、あまりにずさんな計画だったため、途中のヴァレンヌという村で村人たちに見つかり、
村々では警鐘が鳴らされ、続々と村人たちが集まってくる。
ついに国民衛兵に取り囲まれ、捕まってしまった。

そして国王一家は民衆から罵声を浴びながら、パリに連れ戻されてしまった。
国王の逃亡は国民への裏切りとみなされたのだ。
これがルイ16世、最大の失敗だったな。
でもかわいそうだよっ!
でも大衆って残酷だからな。自分の身分や地位より上だと思う者を引きずり下ろすことに快感を覚えるんだよ。
弱者が権威を破壊する快感を覚えたら、始末に負えない。
国王なのに、わがままな民衆のなすがままなんて、あんまりだわ!

連絡を受けた
マリー・アントワネットの
祖国オーストリアと、
革命が怖い
プロイセン（のちのドイツ）が
「ルイ16世の地位を
保証しないと、戦争を
しかける」と脅迫。
フランス革命政府は
反対にオーストリアに
宣戦布告をする。
これを受けて
プロイセンが
フランスに
宣戦布告。
1792年4月20日、
こうして外国の干渉を
断ち切るべく、
フランス革命戦争が
勃発した。
ところが軍隊の士官は
貴族たちなので、
平民のために戦う
気にもならず、
負け戦さが続く。
そこで革命政府が
「祖国の危機である！」
と各地に呼びかけると、
全国から義勇兵が
ぞくぞくと集まってきた。
このとき、
義勇兵が歌った
ラ・マルセイエーズが
国歌になったのだ。
La Marseillaise
CHANT NATIONAL
ROUGET DE LISLE

負けが続くのは、
ルイ16世と
マリー・アントワネットが
敵に情報を流して
いるからと見ぬいた
民衆は、
テュイルリー宮殿に
踏み込み、
国王一家をタンプル塔に
幽閉してしまう。

国民軍ゆえの
ナショナリズムの高揚で、
革命戦争はうまくいき、
国内から敵軍を
追い出すことができた。

1792年9月、
新議会が発足し、
ロベスピエールの
提案で、
「国民公会」という
名称に決まった。

この国民公会の
議長席から右翼側に、
「国王の法案拒否権を
認める」議員たちが
座り、
左翼側に
「国王の拒否権を
認めない」議員たちが
座ったことが、
今の右翼とか左翼
という語源に
なっている。
左翼側の方が
より急進的な
革命派だったのだ。

だが結局、急進的なジャコバン派が、保守的なジロンド派に勝ち、1792年9月21日、王制を廃止し、フランスは共和国となる。
「革命」という意味では、この時点で完了したといえる。
1793年1月14日、ルイ16世が処刑される。
国民よ、私は無実のうちに死ぬ。
私の死を執行しようとした人々を許す。
願わくば私の血がフランス人の幸福に寄与せんことを！
皮肉にもギロチンはルイ16世が「刃を斜めにした方がよく斬れる」とアドバイスしたものであり、
実は受刑者の苦痛を減らし、即死させる人道的な処刑具だった。

かわいそ〜〜〜〜っ！
悪い人じゃないのに〜〜っ！
国王はその威厳を守るのが自分の役割なんだから！
ルイ16世は温厚で、知的で、時期が違ったら名君だったはずだ。
1793年10月16日には、マリー・アントワネットが処刑された。
犯罪者にとって死刑は恥ずべきものですが、
無実の罪で断頭台に送られるなら、恥ずべきものではありません！
王妃もまた毅然とした姿だった。
ひどい〜〜〜〜っ！
王妃までギロチンにかけるなんてっ！
平民が貧しくて苦しんでいるときに、王妃が贅沢三昧していたと言われるが、
そもそも王家の経費なんて国の経費の全体から見れば、たかが知れている。
だよね！ですよね！

オーストリアの王家に生まれて、世間知らずなんだから、しょうがないよ。
王妃が処刑されるというショーが見たかっただけだろう。
それが国家規模で集団ヒステリーに陥って、タガが外れた群衆の残酷な心理だな。
民衆が国王を処刑したことにショックを受けたヨーロッパ各国は、第一次対仏大同盟を結成し、一斉にフランス国内になだれ込んだ。
これに対抗するために革命政府は徴兵制を敷く。
過激な革命に疑問を感じる者たちは反乱を起こし、国内は内乱状態になる。
パン
パン
パン
パン
パン

こうした混乱の中で、ジャコバン派のロベスピエールが反対勢力(ジロンド派)の議員を逮捕し、権力を握った。
ロベスピエールは内外の問題を解決すべく恐怖政治を敷く。
ロベスピエールはフランス革命の主役だが、政敵との対立から徐々に急進的な左派になっていく。
もともとはルソーの「国民主権」「平等主義」を信奉していたのだが、純粋な平等の理念は怖い。
貧しい人が一人もいてはいけないという平等主義は美しいが、人間の「業」を否定するこの理念は、統制経済を実施し、反革命分子を徹底的に監視し、弾圧し、処刑する。
ロベスピエールは、仲間だろうが友人だろうが、政敵は次々にギロチンにかけ、結果的に反対派など約4000人を処刑することとなる！

この時の恐怖政治を「Terreur」と言い、現在の「テロ」の語源である。
本来、権力が暴力で少数派を圧することが「テロ」だった。
ロベスピエールは対外戦争と内乱をいったんは終結させた。
戦乱は収まったものの、いつ自分が殺されるかわからない議員たちはたくらみ…
1794年7月27日、クーデターを起こした。
暴君を倒せ！
そしてロベスピエールと腹心サン=ジュストらを逮捕。
このクーデターを「テルミドール（革命暦の熱月）の反動」という。

ロベスピエールらは、死刑判決を下され、ついにギロチンにかけられた。
かくして革命はなり、その後の恐怖政治は打倒された。
しかし、新政府は不正をすることで、なんとか政権を維持しているような状態だった。
そんな革命の惰性で続いているような新生フランスであっても、対外戦争においては負けなし。
それというのも、軍事の才能に優れた、「英雄」と呼ばれるひとりの将軍がいたからであった。
将軍ナポレオンである。

ナポレオンは、
1799年11月9日、
エジプト遠征から
帰還し、
クーデターをおこし、
独裁権を握る。

ナポレオンは
ハムラビ法典・ローマ法大全
と共に世界の三大法典と
いわれるナポレオン法典を
発布し、
私有財産の不可侵、
法の前の平等、
契約の自由など、
近代的な価値観を
取り入れた。
CODE NAPOLÉON,
LES LOIS TRANSITOIRES
STÉRÉOTYPE D'HERHAN
A PARIS.
1808

1804年、ナポレオンは
国民投票で圧倒的な
支持を受け、
ナポレオン1世として
皇帝の座に就く。
この時点で
フランス革命は
終了したといえる。

1789年から革命が始まって10年ちょっとの間に、おびただしい血が流れた。
平等主義で1000万人を粛清した旧ソ連みたいね。
ルイ16世は1791年のヴァレンヌ逃亡事件がなければ、権力は失っても、生き残って、権威は残るイギリスの王室や日本の皇室のようなものになっていたかもしれない。
フランス革命の功績って何？
一般的には、自由・平等・国民主権・基本的人権などの理念が拡がったことだと言われている。
ごーまんかましてよかですか？
でも、よしりん先生はフランス料理が拡がったことの方が評価するんでしょ？
C'est vrai! その通り！
自由・平等・民主、わしはこれを信仰してないんだよね。
イデオロギーだと思ってるから。

ヴェルサイユ宮殿②

「鏡の回廊」宮殿見学で最も有名な場所。凄い人だかり!!
1919年6月28日、ここでヴェルサイユ条約が調印され第一次世界大戦が終結した。

「王妃の寝室」3人の王妃が使い、19人の「王の子」がここで誕生した。当時の出産は、なんと公開出産!! 産まれたばかりの赤ちゃんをすり替える等の謀略を懸念して、公開していたのだとか。ひぃぃぃ〜〜!! 恐ろしっこ〜〜!!!

第8章 人権宣言は、男権宣言である

パリの街を歩いていると、ピラミッド広場にジャンヌ・ダルクの乗馬像があった。
ジャンヌ〜〜〜！
好きなの？
凜々しい女は好き♡
その足元には常に新しいきれいな花が供えてあり、途絶えることがない。

最近は控えめな女子を、ステキな王子さまが迎えに来てくれるという物語は流行らなくなったからなあ。
ディズニーの『アナと雪の女王』も、女の自立の物語だったよね。
日本でも、世界各国でも、まだまだ女性差別は克服されてないが、少なくとも男女平等の啓蒙だけは最近、浸透してきて、強い女性の物語でなければ、受容されなくなっている。
これってフランス革命の「自由・平等」の理念の普遍化でしょ？
そうなんだけど、世界で男女間格差の少ない国の1位はアイスランド、上位は北欧の国々で、
ドイツ14位
イギリス18位
アメリカ23位。
フランスは45位で、実は女性差別が激しい国なんだな。
え〜〜〜っ、なんでえ？
女性の社会進出もヨーロッパで最低水準。
女性議員も少なくてセクハラも横行しているらしい。

ちなみに日本は105位。
下から数えた方が早いという男尊女卑の国だ。
そりゃそうだよ。皇位継承は「男系」しかダメだって、首相が「女性宮家創設案」を潰した国だもの。
男尊女卑が強すぎて、将来、皇統が断絶しそうだからな。
「女性は子供を産む機械」と言われたり、都議会で、女性議員に「自分が早く結婚しろ」「産めないのか」なんてセクハラ・ヤジ飛ばしたり、無茶苦茶だからね。
ジャンヌ・ダルクは、14世紀中ごろからほぼ1世紀にわたり、イギリス王家とフランス王家の対立を軸に展開した「百年戦争」の後半、
圧倒的不利の状態だったフランスに現れた「神の少女」である。
ジャンヌは13歳で神の啓示を受けたとして、フランス軍に従軍。
自暴自棄になっていた、のちのフランス王、シャルル7世に神意を伝えて励まし…

軍を指揮して
オルレアンを包囲した
イギリス軍を撃破。
戦況を好転させる。
その後もジャンヌは
重要な戦いに参戦し、
戦果を挙げたが…
コンピエーニュ包囲戦で
捕虜となる。
シャルル7世は
ジャンヌを救うための
身代金の支払いを拒否し、
見殺しにした。
イングランドへ引き渡された
ジャンヌは異端審問に
かけられ、1431年、
ルーアンで火刑に処せられて、
19歳の生涯を閉じた。
ジャンヌ、
かわいそう…
私も
ジャンヌのように
強い女になる！
でも
悲劇はイヤ！

ジャンヌ・ダルクは結局、利用されたんだな。
戦意高揚に女を使って、邪魔になったらポイと捨てる。それが男のやり口だから。
ふうううううううんん…
あっ！やば…
ルーヴル美術館で「7月28日—民衆を導く自由の女神」を見た。
これってニューヨークの「自由の女神」と同じ？
そうだね。アメリカ独立百周年を記念して、1886年にフランスはニューヨークに「自由の女神像」を贈っている。
フランス革命では女性が大活躍したから、自由の象徴を「女神」にしてるんでしょ？
そうだね。

男は女性を崇拝したいという気持ちがありながら、現実には女性の社会進出を望まない。
ずるいじゃない〜〜〜っ!
フランス革命でそういう前時代的な男尊女卑は解消されたはずと思うだろ?
だって「自由・平等・友愛」がフランス革命の理念でしょ?
「人権宣言」も出したじゃない!
正確には、「自由・平等・同胞愛、さもなくば死を」だからね。
あっ!そういえば私、それ、『二都物語』で読んだ。
えらいなあ、みなぼん。
「さもなくば死を」が凄いよね。
友愛というより「Fraternité」は兄弟・同胞愛でナショナリズムだ。
この理念に同感しないものは死ね、ということだ。

平等に関して
フランス革命の中で、
最も過激な
サン=ジュストは
こう言ったんだ。
国家の中に一人でも
不幸な人や貧しい人が
いるのを放置して
おいてはならない。
そういう人が一人も
いなくなったときに、
初めて諸君は
革命をなしとげ、
本当の共和国を建設
したことになるだろう。
そこまで言ったら、
ちょっとね、
ありえへんやろ。
純粋まっすぐ君
だね。
フランス革命の
「平等」の理念を
徹底的に
押し進めたのが、
社会主義革命で、
ソ連や中国を
作るんだよね。
大失敗
してるけど。
「平等」の理念が
革命の成果なら、
フランスで女性の
社会進出が
進んでないって
どういうこと？
だって
「人権宣言」でも、
女性の権利は
認めてない
からね。
なぬ〜〜〜〜〜!?

「人権宣言」って言うが、フランス語では、
DÉCLARATION DES DROITS DE L'HOMME ET DU CITOYEN
…と書いてある。
「HOMME」という単語は、「人間」とも「男」とも訳せる。
本意は「男性と市民の権利の宣言」だったんだろうな。
男性と市民？
女性や奴隷や有色人種は人間として認めてない！
女性は政治活動より、家庭内の仕事をするべきという役割分担論で排除されたんだ。
むか～～～～っ！
当時、これに不満を持つオランプ・ド・グージュという女性（男装の麗人）は、人権宣言を批判する「女性宣言」という冊子を配布したんだが…

革命政府に
「公序良俗に反する」
として逮捕された。
革命政府は
1793年10月30日、
女性の政治クラブを
禁止し、女性を
革命の表舞台から
追い払った。
そして11月3日、
オランプ・ド・グージュは
ギロチンで処刑されたんだね。
なんという
理不尽!
なんでもかんでも
ギロチンにかければ
いいってもんじゃない
でしょ〜〜〜〜〜っ!!
バスティーユの襲撃にも
女性が参加していたし、
ヴェルサイユ行進は
完全に女性が主体だし、
暴動における
女性の活躍は
すごかったのに
〜〜〜〜〜〜〜っ!

結局、女性は利用されたんだな。
男は建前で女性を崇拝するが、その実、差別している。
これはたぶん世界中、一緒でしょ。
いや～～～かみさんには尻に敷かれてますわ。
手の平でころがされてま～～～～す。
なんて言いながら、「男は外、女は内」と思い込んでいて、
結局、女を差別している男は多いからね。
ごーまんかましてよかですか？
女性たちよ、だまされるな！
男はずるいぞ～～～～～っ！
でもさ～。外で働く男は奴隷みたいなもの。
家で子育てしてる女は貴族みたいなもの。
不況になると若い女は金持ちと結婚して、専業主婦になりたがるからね～～～。
ぺらぺら
ぺ～ら～～
ぺら
フェミニストのふりしてだましてるのでは…？

民主主義という病い

第9章 エピキュールの美味礼讃

世界遺産に登録されているフランス料理…
その王道を堪能できるベストなレストランは？と問われたら、
食通の間で一番に名前が挙がるのが「エピキュール」ではないだろうか？
そうなんでしゅか！

フランス料理の基本や伝統を継承しつつ研ぎ澄まされた感性と創造力で進化を続け、ゲストに感動と至福の時を与えてくれる。
す…すごいでしゅね！

シェフのエリック・フレション氏は2009年に3つ星獲得。
3つ星!
自分達のルーツ、世界に誇るガストロノミーの文化を守ることが私の使命!そうフレション氏は言い切る!
かっけ───っ!
あの…ガストロ?
それ何でしゅか?
ガストロノミー、美食学とでも言おうか。
料理を中心に様々な文化的要素、社会科学、自然科学等々で構成される美食学で、最近では液体窒素を利用した分子レベルの調理法で芸術的料理を創造している!
????
どういう意味でしゅか?
わからん!
へごわ〜〜〜っしゅ!

とにかくガストロノミーはすごいの!
わかりましゅた。
かっけ――っ!
ガストロノミ――ッ!
レストランは非日常を楽しむ空間でもある。
LE BRISTOL PARIS
「ホテル・ブリストル」王朝華やかな時代の18世紀に建設された貴族の館を起源とするパラスの中のパラス!
パラスって何でしゅか?
5つ星以上の最上級の格付けホテルに与えられた称号のことだ。
かっけ――っ!
そのメインダイニングが「エピキュール(Epicure)」である。

まず案内係に席は室内か庭園のどちらがいいか丁寧に聞かれる。
フランスは年間の日射量が少ないようで、晴れた日には庭を望む人が多いようだ。
外はまぶしいから好かん。
庭園を一望する席に座って優雅に食事を始めよう。
ステキでしゅ〜〜〜。
サービススタッフは我々が日本人と分かると、片言の日本語を話す。
サケ、ロッポンギ、フジヤマ、ゲイシャ
あはははははは…
そんなにおかしい？
ソムリエが勧めるままに女性陣は食前酒を注文。
わしはワインリストから白ワインを選んだ。
Chablis "Grenouilles" 2009 Domaine Droin

気さくな接客に
心も和んだところで
お皿が運ばれてくる。
スターター三種に
女性陣が思わず
カワイ〜〜〜〜イ♡
と発したら、
スタッフが
満足そうに
カワイイネ
と応じた。
「カワイイ」は
世界共通語に
なってるようだ。
どの皿も美しい盛り付けは
アーティスティックで
目を楽しませてくれる。
メインで出てきた
サーモンを春野菜で
ロール状に巻いて、
クリームソースで食す一品は
一見クラシック過ぎる
のではと思ったのだが、
一口食べて感嘆！
ソースが
半端なく
美味い！
おいし〜〜〜〜い！
フランス料理の真髄
とも言えるソースが、
伝統を継承しつつも
信じられない
クオリティで
進化している！
確かにね！
確かにそう
思いましゅ！
ガストロノミー！
ガストロノミー！

一朝一夕では成し得ない基本に裏打ちされた迫力と、ストイックなたゆまぬ努力・感性によってのみ、
フレション氏の料理は芸術として成立しているのだろうなあ。
わ…私もそのような風な芸術の感じでおいしかったでしゅ。
ガストロノミー！
わしのデザートは乙女チックなバラの花びらをあしらったライチのムース♡
みなぼんのは男らしく苦み走ったチョコのデザート！
ガストロノミ――！
フランス屈指のパティシエ、ローラン・ジャナン氏が作り出すデザートは、この室内のインテリアに呼応しているかのような気品と優雅さにあふれ、繊細で華やかな味わい…
わしを甘美な世界へ誘ってくれる。
まさに夢見心地のフィナーレに相応しい。

フィナーレ
ぶぁ〜〜〜い!
ずっと食べていたかったでしゅ〜〜〜〜っ!
…と思っていたら、金色に光り輝く箱がワゴンに載って登場!
ええ〜〜〜〜〜っ!?
こ…この中に何が入ってるの〜〜〜〜?
クイズのように箱の中身を考えていたら、
その立方体がパカッと左右に開かれ…
その中からは色とりどりのマカロン、クッキー、チョコレート、ゼリー、マシュマロ、数えきれない程のお菓子が現れる。
まるで宝石箱のようだ!
ほわあああああ…
ガストロノミー!

実に楽しいプレゼンテーションに思わず歓声があがる。
わしは残念ながら満腹で遠慮したが、
マカロンが大好物のみなぼんは、あれもこれもと大量に食べていた。
女子は甘いものは別腹と言うが、わしには理解できない。
甘いものはさらに満腹になって消化を妨げるような気がする。
だがスイーツを前にすると顔がほころぶ気持ちは分かる。
女性がスイーツに夢中になる姿を見ると、父性がくすぐられて幸せな気持ちになる。
それにしてもこの店は、最後の最後まで攻めてくるサービスに感嘆する。
これを喜ばない女がいるのだろうか？

フレンチはやっぱり女に食べさせるものだ。
女が喜ぶ姿を見て楽しむものである。
昔は女をくどくためにフレンチ・レストランは使うものだと思っていたが、
最近は妻だろうと娘だろうと女が喜んでいれば楽しいと思うようになった。
ごーまんかましてよかですか?
わしが年老いてフレンチが胃袋に負担になってしまっても、
娘たちに食べさせて楽しむようなボスになってやるとも!
ガストロノミーーーー!

ゴーマニズム宣言 SPECIAL

民主主義という病い

第10章

大人が若者を真似る民主主義社会

車をチャーターして
パリの市内観光をした。

わしは
サン・ジェルマン・デ・プレの
「カフェ・ド・フロール」に
行きたかったのだが、
女性陣はモンパルナスの
クレープ通りに
行きたいと言う。

「カフェ・ド・フロール」は、ジャン＝ポール・サルトルが恋人で同志のボーヴォワールと通っていたカフェである。
なんとそこは、コクトー、ピカソ、ダリなどの錚々たる哲学者、作家、芸術家の溜まり場となっていたというので、憧れがあった。
Café de Flore
E DE FLORE
サルトルはこう言う。
「我々は完全にここに住みついていた。朝の9時から正午まで、私たちはここで仕事をし、その後昼食に出かける。午後2時にはフロールに帰ってきて、8時まではここでたまたま出会った友人たちと話をする。夕食後には、私たちが会う約束をしていた人たちをここで受け入れる。奇妙に思うかもしれないが、私たちにとってフロールは我が家だったのだ。」
当時のパリの知識人たちは、カフェに集って議論をしていたのだ。それがカッコいい。
大学で、サルトルの『嘔吐』を原文で読む講義があり、内容が面白くて、少しずつ読み進めるのが面倒になり本を買って一気に読んだ。
嘔吐
La Nausée
サルトル全集
実存主義とは何か
存在と無
そこから実存主義に興味を持った。

そして、カミュVSサルトルの論争に刺激され、カミュの文学的感性に驚き、
ハイデッガーやニーチェやドストエフスキーに魅了され、
マルクス主義の歴史観の面白味にも関心を持ち、
大江健三郎も読んでいた。大江は実存主義に影響を受けた、かっこいい小説を書いていたのだが、今はアメリカ依存の憲法9条が大好きな戦後民主主義の信奉者になってしまった。
ソルジェニーツィンを読んで、マルクスには見切りをつけ、サルトルの誤りも分かったが、
実存主義の作家たちの影響は、実はわしの中でパワーに変質している。
善悪の彼岸
この人を見よ
反抗的人間
カミュ著作集
カラマーゾフの兄弟
共産党宣言
大学時代は、文学・哲学のほかに、アインシュタインの相対性理論に嵌ったり、量子力学を読んだり、脳科学を学んだり、これらは主にブルーバックスを何冊も買って読み耽っていた。
相対性理論の世界
相対性理論の考え方
量子力学の世界
脳の探検
ようするに「人間とは何か？」という疑問の追求であり、人間の脳から、社会から、宗教から宇宙までを、一通り把握しておきたいと思って、読書に耽っていたのである。
部屋に閉じこもって大学にも行かず、貧血になるまで本を読んでいた。

そして本を買うカネがなくなったら、短期で稼げる肉体労働のバイトをして、稼いだらまた家に閉じこもって読書するか、漫画を描いていた。
友人から誘われても、遊びは億劫で、断っていたから、まるでオタクみたいだっただろうが、
漫画家になるという目標を持っていたのでムダな時間は使えない。
もちろん若い頃は性欲が暴走するので、恋愛もする。
カネがないからデートは歩いてばっかりか、互いの部屋でSEXに耽るばっかりだったが。
大学に行った理由は「本を読むため」！
ただそれだけだった。
基本的には群れない、繋がらない、孤独でいることが、ポリシーだった。
近頃の学生の、ネットで繋がり、デモで群れるという反知性主義の行動パターンは何だろう？
9条守れ
WAR IS OVER
強行採決反対
peace
NO WAR

わしも学生の頃、
「民主主義とは何だ？」
という疑問が浮かんだが、
すぐにルソーを読み、
フランス革命を独学して、
ひとまず了解した。
疑問があれば本を読む。
その時間があるのが
大学生の特権だ。
ただし学生の身分で
「個」はできない。
「生産」の現場を
持たぬ者は
一人前ではない。
消費者でしかない
学生の身分では
「個人主義」は育たない。
わしが高校生の頃、
団塊の世代が学生運動に
のめり込んで暴れ、
一部はテロや
リンチ殺人まで犯した。
ガス弾うず巻く安田講堂
東大
東大、警察力で占拠排除
安田講堂
過激派 婦人を人質にろう城
五人、発砲し抵抗
浅間山荘突入、警官に死者
連合赤軍、立てこもって10日目
朝日新聞
銃撃
連合赤軍のリンチ殺人 2女性含めさらに3人
常識はずれこの非情
連合赤軍 複数殺人
女性や
背すじも凍る大量殺人
人の行か
死臭
大半は卒業したら
あっという間に髪を切って
ネクタイを締めて、
資本主義体制の中に
「個」を埋没させていった。
わしはそれを見て、
早く社会に出て
「個の確立」を目指そう、
「現場」から社会に対して
メッセージを発信しよう
と思った。

本を読んで独学する
特権を持っているのだから、
世の中に対する疑問を
人に尋ねたり訴えたり
するのは恥ずかしい
と思っていた。
昨今、まさか公道で、
「民主主義って何だ？」
と叫び、「これだ！」と
自己満足する大学生が
出てくるなんて、
夢にも思わなかった。
いやはや、まるで
駄々っ子だ。
WAR IS OVER
WAR IS OVER
9条壊すな！
PEACE NOT WAR
WAR IS OVER
peace NO WAR
WAR IS OVER
WAR IS
ところが、これを
称賛する大人が
続出したのだから
驚く。
古代ギリシアの哲学者・プラトンは、
直接民主制を徹底的に批判したが、
その著『国家』の中で、こう述べる。
民主制において
自由を善とした国では、
「先生は生徒を恐れて
御機嫌をとり、
生徒は先生を軽蔑し、
個人的な養育掛かりの
者に対しても
同様の態度をとる。
一般に若者たちは、
年長者と対等に振舞って、
言葉においても
行為においても
年長者と張り合い、
他方、年長者たちは
若者たちに自分を合わせて
面白くない人間だとか、
権威主義者だとか
思われないために、
若者たちを真似て
機智や冗談でいっぱいの
人間となる。」
国家（上）
プラトン著
藤沢令夫訳
青601-7
岩波文庫

なんと紀元前400年の昔から、
すでに民主主義の国では、
大人と若者の差異が
なくなって、
大人が若者に媚びを売り、
大人も若者もすべてが
堕落していくと、
プラトンは喝破していた！
今も何も変わってない。
未熟な若者に
媚びを売る
いやらしい大人は
後を絶たない。
大学時代のわしは
読書しながら
漫画を描いて
投稿していた。
そして大学4年で
デビュー。
卒業してすぐ
「週刊少年ジャンプ」で
『東大一直線』を
連載開始。
●第1話●
ああ勉強一直線
ヒット作となって3年後、
25歳でマンションを
3戸買った。
だが4年後、
わしは新たな
挑戦のために
上京した。
ずんずんずん
落ち着いたら
実存を感じられなく
なるからである。

「カフェ・ド・フロール」は
ものすごい混み方だった。
イカした老夫婦や
大人たちが
テラス席を陣取り、
ゆったり話している。
フランスは経済格差が
日本より激しいらしいから、
多分、こんな所で
コーヒーを飲む老人は
お金持ちなのだろう。
そういえばパリの若者の
ファッションはとても地味だ。
フランスの若い世代の
失業率は15〜20%
ともいうから、
オシャレにこだわってる
余裕がないのだろう。
現状でもまだ日本の若者の
方が恵まれているかもしれない。
ただし、大人のわしの目から
見れば、アメリカニズムに
侵食されて、スタバが
喫茶店を放逐していった
日本の文化状況には
不満がある。
漫画家になった20代の頃は、
アイデアを考えるときは、
しょっちゅう喫茶店を
利用していた。
コンテを描くときも
喫茶店のはしごを
していたものだ。
今やわしの歳で、
スタバなんかでゆったり
できるはずがない。

日本はこれから高齢者が多くなるのだから、富裕層の高齢者向けの喫茶店を作ればいいのに。
30年代～40年代のパリのカフェ文化を日本に再興して議論の場を作れたら面白いと思うが…。
匿名でネットでしか絆をつくれない若者や中年に大人が媚びたら、日本の文化は益々劣化していく。
9条壊すな!
PEACE NOT WAR
WAR IS OVER
ごーまんかましてよかですか?
民主主義を過度に信奉する国では、大人が若者を真似るようになる。
円熟が尊敬されず、未熟こそが純粋で価値あるものとされ、国家全体が劣化していくのである!

秘書みなぼんのトレボンⅢ 美食直前の妄想

レストラン「エピキュール」に向かう道中、"ウディ・アレン監督＆モデル"みたいなカップルを目撃!
「きっと相手の女は金目当てとかではない!男の才能に惚れているんだ!欧米には、才能がある男なら容姿など気にしない女が多い!」…と、妄想たくましい先生ぼん。

ゴーマニズム宣言 SPECIAL

民主主義という病い

第11章 「平和」とは「平定」のことである

シャンゼリゼ通り近くにある「ラデュレ」はマカロンで有名である。
ここのフレンチトーストを朝食で食べたいと言うので行ってみた。
LADUREE

昨日はモンパルナスでクレープを食べて、今日はラデュレでフレンチトースト、
当然、奥さんが帰りにマカロン買ってくれるだろうし、幸せだな〜〜〜〜。
はははは…みなちゃん、ちゃっかりポンだね。

パリに来てスイーツを食べる幸せ、これが平和というものよね。
ふんぎゃあああ・・・
なにそれ？
ここでテロが起これば一瞬にして平和は崩壊するけどね。
じゃ、このあとシャンゼリゼを散歩して、そのあとモンブラン発祥の店、アンジェリーナに寄って行こうか？
マカロンを買ってもらった帰りに、またスイーツの名店に行く幸せ、これが平和よね〜〜〜〜〜〜♡
待ち望んでるようなこと言わない！

『戦争論』は1998年「新ゴーマニズム宣言スペシャル」として幻冬舎から刊行された小林よしのりの漫画。朝日新聞が2度にわたって社説で批判し、左派論壇誌がこぞって批判特集を組む大問題作となったが、大ベストセラーとなり、日本の歴史観の転換に大きな役割を果たした。続編として『戦争論2』（2001年）、『戦争論3』（2003年）、『新戦争論1』（2015年）がある。

日本人は「平和、平和」って連呼するけど、平和の意味が分かってないからな。
私は『戦争論』読んだから知ってるよ。
平和は「秩序ある状態」のことでしょ。
その通り。平和は英語で「Peace（ピース）」だが、この語源はラテン語の「Pax（パクス）」だ。
「Pax（パクス）」といえば、ローマ全盛期は「パクス・ロマーナ」と言うが、これはローマによる「平定」という意味がある。
ローマ帝国の最大領域
強大な権力が民衆を「平定」して、秩序が維持されている状態を「平和」と言うんだ。

そうか、平和って力によって平定されてる状態だったのねっ！
そうとも。国家権力（軍隊と警察）なしに「平和」はあり得ない！
職業としての政治
マックス・ヴェーバーは『職業としての政治』で「国家とは、ある一定の領域の内部で、正当な物理的暴力行使の独占を（実効的に）要求する人間共同体である」と言った。
「暴力の独占」が国家の定義であり、これによって自国の領空・領海を「平定」してこそ「平和」は維持できるのである！
日本は領空の一部を米軍に「平定」されているので、完全な主権国家ではない！

外国軍に侵略されても、暴力団に脅されても、国民の「秩序=平和」は守れないのだ。
たまに「無政府主義」がいいなどと言う人もいるが、もし国家権力が消滅したら、国内で一番喜ぶのは暴力団である。
パン パン パン パン
暴力団に対抗するために、民衆も武装したら、そのうち民衆同士も争って、「マッド・マックス」の世界になる。
そして国外からもっと強大な軍隊が「平定」しに来るだろう。
そして「平和」だが自由のない国の属国となるだけだ。

わしは「平和」を維持するために、自国の領空・領海を完全に「平定」する自主防衛体制をとるべしと言っているのだが。
でも右派の人たちは、どうしても米軍に「平定」してほしいと言うのよね。
アメリカなしで日本は守れないと言っている。
逆に左派の人たちは、「小林よしのりの『戦争論』が今の日本を右傾化させ、ネトウヨを生み、安倍政権を生んだ」と言って批判してるけどね。
まったく底なしのバカだ！
確かにわしは『戦争論』でナショナリズムを復活させた。
祖国のために戦って命を捧げた祖父たちを称(たた)えた。
歴史ある国は死者も民主主義に参加させねばならぬからだ！
小林よしのり
戦争論

だってナショナリズムは
民主主義の基盤
ですもんね。
そう！
ナショナリズム＝民主主義
と言ってもいい。
だから中東など、
部族や宗派が
バラバラで、
「国民」という
意識が育たない
地域では、
民主主義は
不可能だ。
イラクやシリアは
独裁体制を
崩壊させたら、
内戦状態に
なってしまった
もんね。
国家の枠に、
各部族・各宗派を
収めたいなら
独裁が必要な
地域ってある
わけだよ。
「独裁＝悪」
「民主主義＝善」
という発想では
まとめられない
地域もある。
ましてや西洋諸国が
無理やり作った
国境線では、
ナショナリズムが
育つまい。

『戦争論』でナショナリズムを復活させねばならなかった！
戦争論
小林よしのり
戦争論2
日の丸を上げたら「右翼」とされ、小・中・高を通して国旗掲揚の体験がない者がいたことを！
「国民」と言うべきではない、「市民」と言うべきだ、「地球市民」と言うべきだと、マスコミが徹底的に「国家」を意識から消去する風潮が作られていたことを！
地球市民
地球市民を育てる教育
21世紀地球市民の育成
地球市民への入門講座
地球市民をめざして
思い出してほしい。『戦争論』以前は、「愛国心」という言葉を発しただけで、「右翼」とレッテルを貼られていたことを！
よしりん企画のスタッフ、トッキーがその犠牲者だ。
ぼくは学校で「君が代」を歌ったこともないっ！
「韓国にいいこともした」と言っただけで、大臣が次々に辞任に追いこまれていたことを！
日本は植民地時代よいこともした
江藤長官が辞任
不信任採決避ける
後任、中山正氏に
日韓首脳会談、予定通り

「戦前は悪、戦後は善」という自虐史観が学校教育にまで侵入してきていたことを！
日本の大陸侵略
日本の植民地支配
世界から歴史を考える
東南アジアの中学生が学ぶ日本の侵略
朝鮮人強制連行
平和国家をめざして
日本国憲法の成立
ところが『戦争論』から十数年が経って、先日、辻元清美議員と対談したら、辻元氏は蓮舫議員らと、「自民党議員より私たちの方が愛国者よね」と話し合い…
「愛国女子会」を名乗っていると話していた。
あれは驚いたわ。
感慨深かったよ。『戦争論』以前と以後では、「愛国者」をリベラルの女性も自称できるところまで、言論の空気が変わってしまった。

もちろん、ナショナリズムは、民主主義と同じで、素晴らしいものでも麗しいものでもなく、排外主義を生み出す危うさも、独裁を生み出す危うさも秘めている。
だが今のところ国家を乗り越える思想が現れぬから、必要になっているだけのものだ。
「平和」とは強大な権力が民衆を「平定」している状態のことである。
ごーまんかましてよかですか？
ナショナリズム（国民主義）がなければ、民主主義も機能しない。
民主主義を志向するならナショナリズムは否定できないのだ！

秘書みなぼんのトレボンⅣ 香宮

シャングリ・ラ ホテルにあるレストラン「香宮(シャンパレス)」で中華ディナー!
ここもミシュラン1つ星の名店!もちろんこの日も食事のお供はワイン!
白ワイン Meursaultを頂きました♪お料理も不思議なほどワイン
に合う味で絶妙!!

第12章 植民地と移民政策のツケ

パリの中でスリが最も多発するのがルーヴル美術館である。

特に「モナ・リザ」の前は作品に夢中になる観光客が狙われ、1日で30件以上のスリ事件が起きているという。

ルーヴルでは、スリ事件の
あまりの多さに、
警備員がストを
起こしたほどだ。
多発するスリや
ひったくりへの対策を
要求してのことだ。
警備員がスリ犯に
つばを吐きかけられたり、
侮辱や脅しにあったり、
暴力をふるわれたりする
というから悪質だ。
職員たちは
組織的スリ犯に
直面するため、
恐る恐る出勤
している状態
らしい。
オペラ座の裏手を
歩いているときだ。
新聞のようなものを
持った若い3人の女性が
近寄ってきた。
およよ？
新聞を売ろうと
しているのか、
何を言っているのか
わからない。
ノン
ノン！
アイハブ
ノーマネー
ウィズミー
チャパクチャ
×○△△×
クチャクチャ
○××△
×△○○
ペチャクチャ
クチャクチャ

3人は、わしにターゲットを絞り、両脇から腕をつかんで羽交い締めにしてくる。
女に触るとどんないいがかりをつけてくるか分からないので、腕を組んだまま拒否を示した。
妻は、女に捕まっているわしを見て、ニヤニヤしている。
妻は変な人でわしがモテるのを喜ぶので、この状況を勘違いしている。
怒ったのはみなぼんだ。
まったく甘いよ、よしりん先生は！
すごい険悪な顔で突進してきた。
ノン！ノン！ノン！ノン！ノ～～～ン!!
わしの腕を引っ張って奪還してくれた。
3人は恐れをなして去って行った。

みなぼん、ありがとう。
わし、怖かった〜〜〜〜〜あ。
これが男3人だったら、もっと危なかったですよ。
油断なりませんね、パリって。
やっぱり移民が多くて治安が悪くなってるな〜。
なんでフランスはこんなに移民が多いの？
フランスの植民地政策と移民政策のツケが回ってきてるね。
フランスは第一次・第二次の世界大戦で、多くの被害を出し、人口が減少した。
その解決方法として移民を大量に受け入れたのだ。
第二次大戦後は、スペイン・ポルトガル、またアルジェリア・モロッコ・チュニジア・アフリカ諸国など、旧植民地からも移民を受け入れた。

移民たちは、高度経済成長期は単純労働でも、母国よりはいい暮らしができるし、社会保障も受けられる。
彼らはフランスで家庭を持ち、永住した。
だが不景気になると、移民が多く住む地域は貧困化し、治安が悪化し、教育レベルが低い次世代が生まれる「貧困のスパイラル」に入る。
現在の移民2世・3世は出生時からフランス国籍を持つフランス人であるが、ルーツを指摘されて差別を受けることは多い。
わしがパリに行った翌年、2015年11月13日にイスラム国による同時多発テロが起こった。
死者130名、負傷者300名の悲惨なテロ事件だった。
犯人はモロッコ系ベルギー人や、アルジェリア系フランス人、ベルギー在住のフランス人、難民として入国したシリア人などであった。

結局、移民の中には貧困から犯罪に手を染める者や、「同化」できずにアイデンティティーがふらついて、イスラム原理主義に感化される者もいる。
移民を受け入れるフランス政府も国家の理念をもっと理解させる教育をするべきだな。
日本人が移民するなら「郷に入れば郷に従え」で、その国のルールを受け入れるけどね。
しかし、元はと言えば、フランスは植民地帝国だったし、第一次世界大戦の後、イギリスと「サイクス・ピコ協定」を結んだ国である。
人種も部族も宗教も無視して中東に、勝手にほとんど直線の国境線を引いた国なのだ。
他国の民衆の自由を奪い、不平等を輸出し、人権を踏みにじった過去から復讐されているのかもしれんなあ。

フランス植民地帝国の歴史は大きく二つの時期に分けられる。
第一期は16世紀から18世紀にかけての絶対王政期、主に北米大陸やインドを中心とした領域で、ナポレオン皇帝の時代にほぼ終了する。
第二期は19世紀、1830年に北アフリカ・アルジェリアに拠点を築いて以降、アフリカ中部・西部に領土を拡張、
第二次世界大戦を経てその大部分を失い、
1962年のアルジェリア独立によって終結する。
16世紀、コロンブス以降のいわゆる「大航海時代」、スペインとポルトガルが世界を二分割せんと繰り出した。
スペイン
ポルトガル
フランスはやや出遅れたが、フランソワ1世は北米に探検隊を派遣。
また、ある地域を「踏破」、または「発見」しただけではその領土を所有したことにはならないと宣言し、
史上初めて「実効力ある占領」こそが領有の根拠であるという主張を打ち立てた。

フランスの海外植民は
17世紀に入ってから本格化。
まず現在のカナダ・
ノバスコシア州やケベック州
などに植民地を建設。
さらにミシシッピ川流域に
ルイジアナ植民地を樹立し、
一挙に領域を拡大した。

一方、カリブ海の
西インド諸島では、
サン=ドマング（現ハイチ）を
拠点として莫大な利益を得た。
サン=ドマングの繁栄ぶりは
「カリブの真珠」と称された。
主要産品は砂糖で、
そのプランテーションでの
労働のために、
黒人奴隷が送り込まれた。

大西洋の奴隷貿易の
最盛期である18世紀に、
フランスがカリブへ
売買した黒人奴隷は
およそ100万人、
その8割が、
サン=ドマングに
送られていたといわれる。

他にもフランスはインドにも広大な領土を有し、南米、西アフリカ、インド東海岸、インド洋上でも植民地を獲得、その最大面積は1000万平方キロを超えたという。
その名残りで、カナダには今もフランス語圏があり、ギアナなど今もフランス領として残っている地域も存在するのである。
Tu connais le manga, bande dessinée japonaise? C'est super.
Yoshinori Kobayashi peut dessiner le manga gagues-que et politique.
Tu parles de GOHMANISM? Je connais bien. C'est fameux.
18世紀半ばには、英仏間に一連の植民地戦争が勃発。
これに敗れたことで海外領土の大半を失い、第一次のフランス植民地帝国は没落する。
サン=ドマングを含めたカリブ海植民地は一応維持されたが、フランス革命を機に奴隷が蜂起。

革命の波及を恐れた
イギリスなど
ヨーロッパ諸国は、
フランス革命に対する
干渉戦争を起こすが、
この際、植民地の奴隷主
であるフランス人入植者は
基本的に特権階級で
反革命だったため、
イギリスと結んだ。
イギリスにサン=ドマングを
奪われたら、
革命の行方も左右される。
また、以前から批判のあった
奴隷制が、
革命で謳い上げた
自由や平等の理念と
両立しないのは自明で、
奴隷制の維持が
革命そのものを脅かし
かねないという危惧は
革命家に共通していた。
そのため植民地と
革命を守るためには、
奴隷を解放して
フランスの側につける
という選択肢しかなく、
奴隷制廃止が宣言
されることとなる。
だがその後、
ナポレオンが
奴隷制を
復活させる。
これに対して黒人たちは
イギリスの支援を受けて
蜂起し、
フランス人を駆逐して
1804年に独立を宣言、
ハイチ革命を成功させた。

復活した奴隷制が
再び廃止されたのは
1848年、
二月革命の後である。
その際の理念は、
奴隷制の維持は
「文明の恥」である
というものだった。

ここで注目すべきなのは、
フランスは奴隷制を
「文明の恥」としながら、
その一方で植民地を持ち、
現地住民を搾取するのは
一切「文明の恥」とは
思わなかったということである。

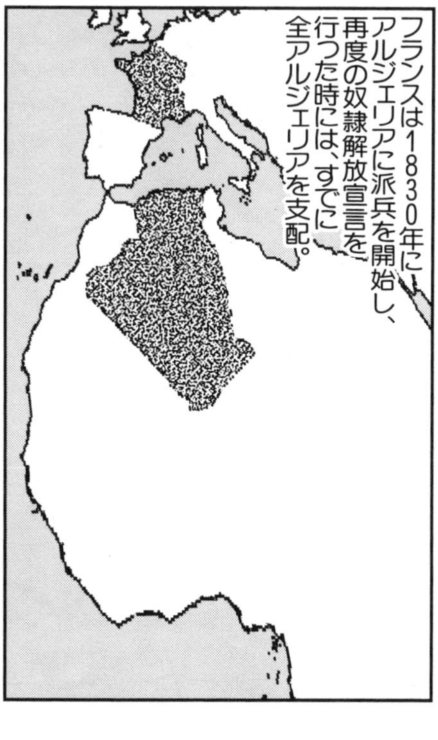
フランスは1830年に
アルジェリアに派兵を開始し、
再度の奴隷解放宣言を
行った時には、すでに
全アルジェリアを支配。

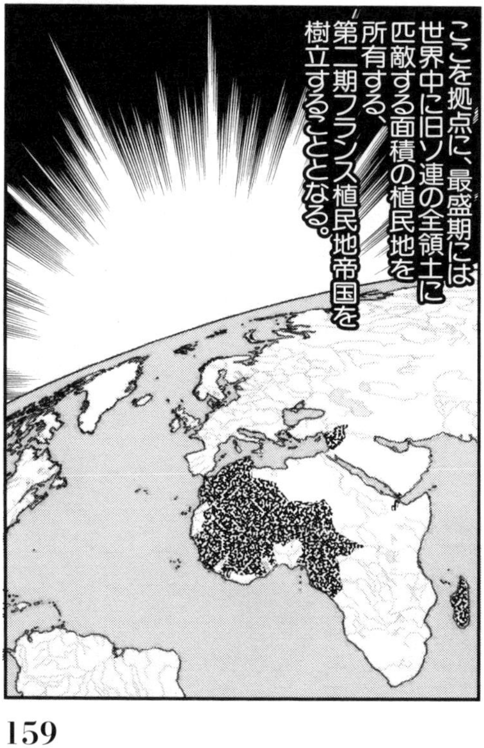
ここを拠点に、最盛期には
世界中に旧ソ連の全領土に
匹敵する面積の植民地を
所有する、
第二期フランス植民地帝国を
樹立することとなる。

この時、フランスは、植民地拡大を「文明の恥」どころか、正反対に最も文明的な行為だと考えていた。
奴隷制廃止が「文明化」であるのと同様に、植民地拡大こそが「文明化」であると信じていたのである。
植民地を拡大し、そこに住む「野蛮」で「劣った」民族を「教化」してやることこそが、「文明化」であるというのがその理念だった。
だからこそフランスは、奴隷制廃止と同時に植民地拡大を本格化させていったのだ。
アメリカは「明白な天命」、
イギリスは「白人の責務」、
フランスは「文明化の使命」の名の下に、植民地を拡大した。

いずれも白人の優越性を前提に、他の世界に介入して自らの理想を押しつける権利と義務があると確信している、似たり寄ったりの宣教的スローガンなのだが、
フランスは、自分たちは米英とは違うと信じていた。
フランスによる植民地化は、支配や略奪のためではなく、寛大さと善良さゆえのものであり、未開の人々を隷従させるのではなく、導くために推進されている、というものだった。
明らかに人種差別が基本にあるのだが、フランス人はこれに「自由・平等・友愛」の理念との矛盾を全く感じていなかった。
なぜなら「文明化」の概念には宗主国・フランスへの「同化」が含まれていたからである。
フランスの「文明化」に浴した被植民者は、みな完全な市民となり、同時代のフランス人及び永遠のフランス精神を自らのものにするだろうという信念がフランス人にはあったのだ。

そもそも「自由・平等・友愛」の
「友愛」は、より正確には「同胞愛」である。
『フランス革命事典』の著者、
モナ・オズーフによれば、
フランス型の友愛とは、
「同一化を迫る友愛である。
人びとを結びつけようとするのではなく
他者を同一のものに還元することに
固執し、一種の融合状態を作り出そう
とする」というもので、
こうした友愛の広め方を拒否する
者には、残虐な行為を加えられる
こともあったのである。
DICTIONNAIRE CRITIQUE
DE LA RÉVOLUTION FRANÇAISE
ACTEURS
フランス革命事典
この信念は、人間のアイデンティティーが
完全に入れ替え可能であるという
ことを前提にしており、
現実的にはイスラム教徒を
改宗・同化させるという困難
というか不可能に、たちまち
ぶち当たることになる。
19世紀半ば、日本では幕末期、
フランスは幕府を、
イギリスは薩摩・長州を支援し、
内戦が長期化しても
資金提供・武器供与を継続する
という申し入れをしていた。
これは西洋列強のパターンで
インドでは敵対的な勢力に
英仏などがそれぞれ
資金提供・兵器輸出をして
戦争をさせ、
停戦後に提供した資金の
返済として税収を差し押さえ、
統治機構を乗っとっていった。

幕府と薩長の戦いが
長引けば、同じことが
起きていたかもしれないが、
日本では西欧の思惑を
察知した人々が、
内戦を極力、短期・小規模に
終わらせて政権交代させる
ことに尽力したため、
回避することができた。
なお、根底に人種差別が
あったとはいえ、
この時期のフランスでは
美術界を中心に
日本趣味(ジャポネズリー)が
流行、単なる異国趣味の
域を超え、造形作法などに
大きな影響を受けた
「ジャポニズム」へと発展した。
フランスには異なる文化を認め、
称賛する視線もあったことは
明記しておきたい。
EXPOSITION
DES
Maitres Japonais
LE JAPON
フランスは日本の
植民地化に失敗、
続いて普仏戦争で
ドイツに敗れて
打撃を受けるが、
パンパン
パパン
パンパン
パパン
1879年以降
インドシナ、
サハラ以南アフリカ、
マダガスカル、
マグレブ地域へと
支配を広げていく。

第一次世界大戦では
フランス植民地からは
北ヨーロッパを中心に
ヨーロッパ戦線へ
60万人近く、
工場への労働者を
含めれば80万人が
送り込まれた。
第一次大戦後のフランスは、
敗戦国ドイツから
カメルーンとトーゴを
獲得したのに加え、
「サイクス・ピコ協定」で
オスマン帝国を分割し、
シリアとレバノンを
委任統治の形で
手に入れた。
フランス植民地帝国は
最大の規模に達し、
植民地主義は
絶頂期を迎えたのである。
第二次世界大戦で
フランスは4年間
ドイツに占領された。
解放後、フランスは
再び大国として復活する
手段を植民地に求め、
植民地の独立はおろか
自治も認めるつもりは
なかった。

しかし植民地の状況は
大きく変化していた。
連合国側が
ファシズムとの対立を
鮮明にするため、
1941年の大西洋憲章で
民族自決を唱えていた
ことが影響し、
大戦下で
独立を求める動きが
表面化し始め、
各植民地で民族蜂起が
相次ぐようになったのである。

フランス植民地では、
もともと独立志向が
強かったインドシナで、
共産党の影響下にある
ホー・チ・ミンが率いる
独立闘争が終戦後
ただちに始まり、
泥沼のインドシナ戦争
となる。

その間、日本の大東亜戦争の
結果として、
インドネシアがオランダから、
インドがイギリスから
独立を果たし、
その影響は
アジア、アフリカへと
波及していった。

「日本の大東亜戦争の結果としてとは？」日本軍は大東亜戦争で、インドネシアを350年間植民統治していたオランダを9日間で破った。日本の敗戦後、オランダはインドネシアの再植民地化を図るが、日本の軍政下で育成されたインドネシア国民軍との間に独立戦争が勃発、多くの日本兵が残留して協力し、インドネシアは勝利、独立した。

インドシナ戦争は1954年、フランスの敗北に終わり、フランスはアジアの支配領域を完全に失った。
そして同じ年、今度はアルジェリアで独立戦争が勃発する。
フランスにとってアルジェリアは別格の植民地であり、ここだけは手放せないという意識があったため、戦争は長期化。
30万人を超える現地人の死者を出した。
フランス国内でも繰り返される爆弾テロや国際社会からの批判によって、フランス人の中でも厭戦感情が湧き、アルジェリア独立が支持されるようになり、ついに1962年、アルジェリアは独立を達成した。
その他のアフリカのフランス領植民地はその多くが1960年に独立しており、これで海外のフランス領はごく一部の海外県・海外領土のみとなり、フランス植民地帝国は終焉を迎えたのだった。

「日本の大東亜戦争の結果としてとは？」大東亜戦争中、日本はインド独立運動の英雄、チャンドラ・ボースを支援し、インド国民軍を育成。さらにインド独立を目的とするインパール作戦を実行した。作戦自体は多大な犠牲出して失敗するが、これによってインドの国民意識が完全に覚醒し、インド独立への大きな契機となった。

だが、フランスは慢性的な労働力不足から、その後もチュニジアをはじめ、北アフリカの旧植民地から大量の移民を受け入れてきた。
これは「完全な同化」を求めるフランスの理念とは完全に矛盾した政策であり、その禍根は現在ますます増大の一途を辿っている。
一方、フランスの植民地が「寛大と善良」によるものだという神話も完全に崩壊した。
実際に植民地で行われていた過酷な支配や残虐行為の実態に加え、
戦後、マダガスカルや、インドシナ、カメルーン、コートジボワールで行われた虐殺や凄惨な独立運動の弾圧、
アルジェリアで行われた拷問、
さらにはパリで行われたアルジェリア人のデモ隊をフランス人警察が虐殺した「1961年10月17日事件」、
これら数々の植民地支配の悪行を、もはや「寛大と善良」に基づく行為と正当化するのは無理だろう。

これらはフランス人が
見たくない歴史であり、
実際、フランス政府は
1990年代まで
「忘却政策」を行い、
アルジェリア戦争に
関する教科書の記述を
規制していた。
近年、歴史を見直し
過去を清算しようという
動きも出始めているが、
これに対する反発は
根強く強硬である。
極右政党のみならず、
中道右派政党も
「アルジェリアはフランスの
植民地主義のおかげで
インフラ設備を整えて
発展した。
そのことになぜ言及
しないのか?」
と異議を唱えている。
この主張、日本の保守派の
「日本は朝鮮にいいことも
した」という言い方に
似ているように見えるが、
全然、次元が違う。
「いいこともした」ではなく、
フランス人の多くは
今も「いいことをするために」
植民地支配をしたと
信じているのである!

世界史を見ると、自国の戦争責任を認めて謝罪し、賠償する国などほとんどない。
日本の謝罪は数少ない例なのである。
ごーまんかましてよかですか?
自由・平等・人権・文明という美しい理念と、野蛮な歴史の実態との乖離…
それがフランスの、いや西欧諸国の今に影を落とし、暴力の連鎖を生み出している。
文明国こそが野蛮だったのだ!

秘書みなぼんのトレボンV オペラ座

女スリ集団からなんとか逃げ、オペラ座（オペラ・ガルニエ）を見学♪
大理石や彫刻、天井の装飾、シャンデリアなど重厚で豪華絢爛な
内装に圧倒される。

日本語のオーディオガイドの内容が面白い！オペラ座の
歴史や、オペラ座で繰り広げられた社交の様子、
ガルニエが設計したデザインの意味などを説明
してくれる。『オペラ座の怪人』は、このオペラ座の構
造（地下に天然の洞窟と水路がある等）や、実際
に起きた事件（シャンデリア落下事件）、噂などを
参考に作られたのだとか…！

第13章 古代ギリシア、アテナイの直接民主制

民主主義が人類の歴史に現れたのは、まず古代ギリシアの都市国家〈ポリス〉においてだった。

オリュンポス山

オリュンピア

ペロポネソス半島

特に紀元前5～4世紀のアテナイでは、奇跡的な「直接民主主義」が行われていた。

アテナイは「集住型ポリス」であり、城壁に囲まれた中に人々が住み…
アクロポリス
アゴラ
城壁
貴族たちは小高い丘の上のアクロポリスに砦を構え、神殿を建て、外敵に備えた。
城壁内には市民の広場（アゴラ）があった。
貴族は軍事の専門家であり、「重装騎兵」がポリス防衛を務めた。
アテナイの18歳以上の市民たちは、プニュクスの丘に登り、そこで開かれる「民会」に参加して、公的な問題の対処を決定していた。

プニュクスとは、「大勢の集まる所」という意味である。
この丘で、アテナイの市民による「民会」が開かれたが、そこは半径120mの扇形で、2万人を収容できたという。
民会は月に4回開催され、討議される内容は、外交問題、顕彰決議、国事犯の弾劾裁判、法の制定、将軍や財務官の選挙、公共事業など多岐にわたる。
月のうち1回は「主要民会」であり、国土防衛、穀物供給、国事犯の弾劾裁判発議などがされた。
民会開会の4日前に、当番評議会がアゴラ(市民の広場)にある掲示板に開会と議題を公告することになっている。
そして当日、開会前に若い豚が殺され、その血が議場の周囲にまかれ、清めの儀式が行われた。
そして日の出と共に開会。

伝令が神々への祈りをささげ、開会宣言をして、議題を読み上げ、市民に発言を要請する。
市民たちは前5世紀までは地面に座っていたが、前4世紀には木のベンチに座っていた。
食べ物の持ち込みも可で、パン、たまねぎ、オリーブの実、ワインなどを楽しみながら行われた。
市民は次々に演壇に上がって発言するが、討論という形式はなかったようだ。
採決は通常は挙手で、議長団が見渡して概数で判断、特別な場合は投票が行われた。
議事は午前中で終わる。
民会の最中に雨が降ると、ゼウスら神々の警告とみなされ、即座に解散していた。
ザーー

民会は一年を通じて
ひんぱんに開かれ、
少なくとも年40回は
開かれた。
ここに参加する
「市民」とは、
兵役に就く者たち
のことである。
自分たち自身が
遠征軍に
加わるか否かの
問題を議論するのだ。
ギリシアは二つの
大きな戦争を経験するが、
うち一つは「ペルシア戦争」、
ペルシアからの
侵略を撃退する
防衛戦争だった。
ペルシア帝国
エーゲ海
アテナイ
スパルタ
アテナイは前480年に
サラミスの海戦で、
ギリシア連合艦隊の
主力となり、
ペルシアを撃退した。

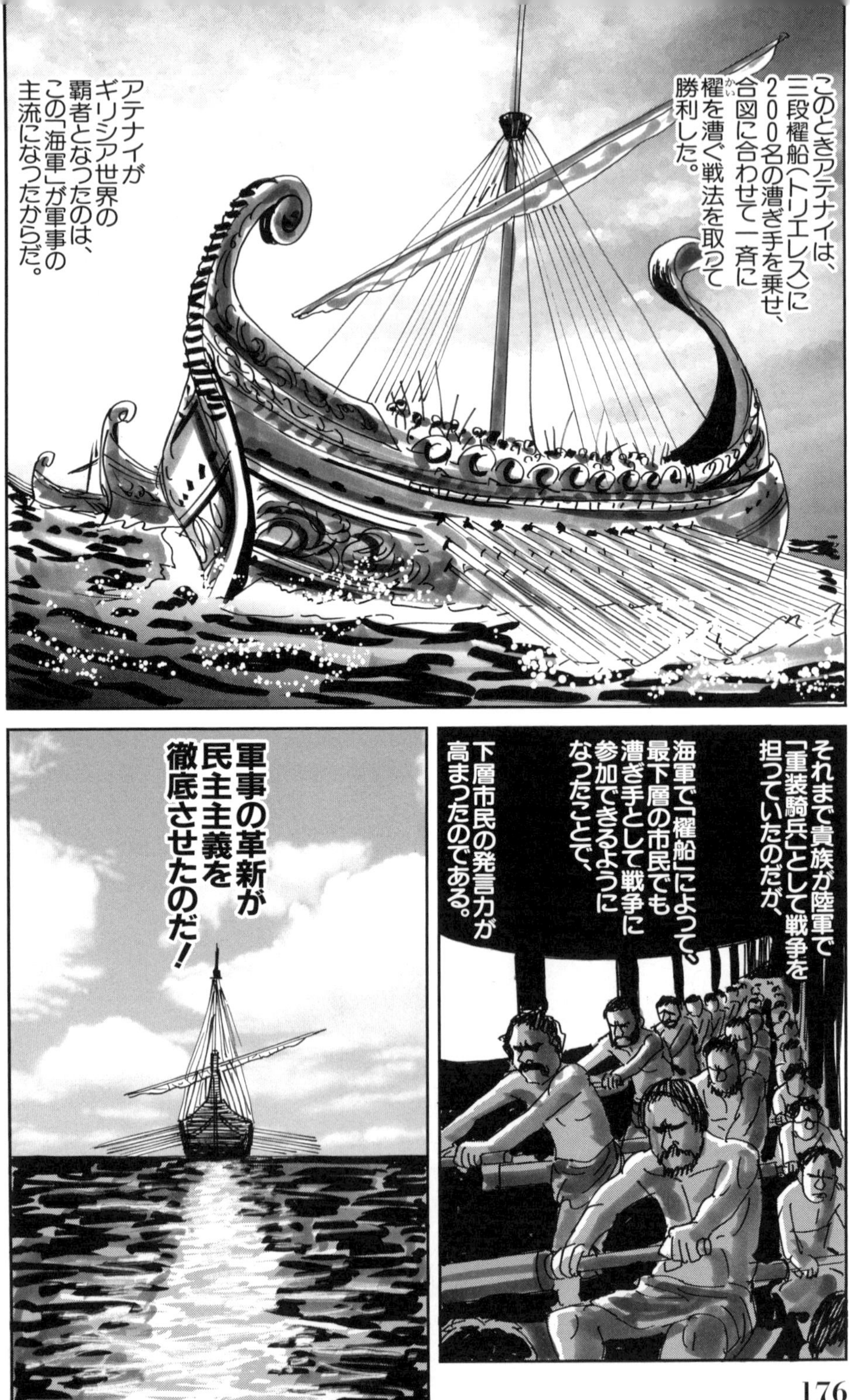
このときアテナイは、三段櫂船（トリエレス）に200名の漕ぎ手を乗せ、合図に合わせて一斉に櫂を漕ぐ戦法を取って勝利した。
アテナイがギリシア世界の覇者となったのは、この「海軍」が軍事の主流になったからだ。
それまで貴族が陸軍で「重装騎兵」として戦争を担っていたのだが、
海軍で「櫂船」によって、最下層の市民でも漕ぎ手として戦争に参加できるようになったことで、
下層市民の発言力が高まったのである。
軍事の革新が民主主義を徹底させたのだ！

あくまでも共同体を、命を賭けて守る兵士が「市民」なのだから、当然、女性と奴隷は「民会」から完全に排除された。
基本的にアテナイでは、家政や生産労働は「私的領域」として侮られていたのだ。
ギリシアの都市国家の成人男性市民の数は2000人から1万人が典型だったようだが、
アテナイには成人男性市民の数が3万5000人から4万人もいたという。
マスメディアがなく、話し言葉の世界であり、顔見知りが多い対面社会なので、普段から政治に関する議論は積み上げられていただろう。
最高決定機関が民会であり、民会での発言権を「イセゴリア」と言う。
民会での書記は奴隷が担っていた。

日常の行政は500人からなる評議会が担当した。
その評議会議員は、「抽選(くじ引き)」で選ばれ、1年の任期だつた。
アテナイでは紀元前450年、デモクラシーの最盛期で6万人の市民がいて、さすがにポリスとして機能できなくなつていたともいう。
だが、それでもアテナイは200年にわたつて、全ギリシア世界で最も繁栄し、最も強力で安定した豊かな国だつた。

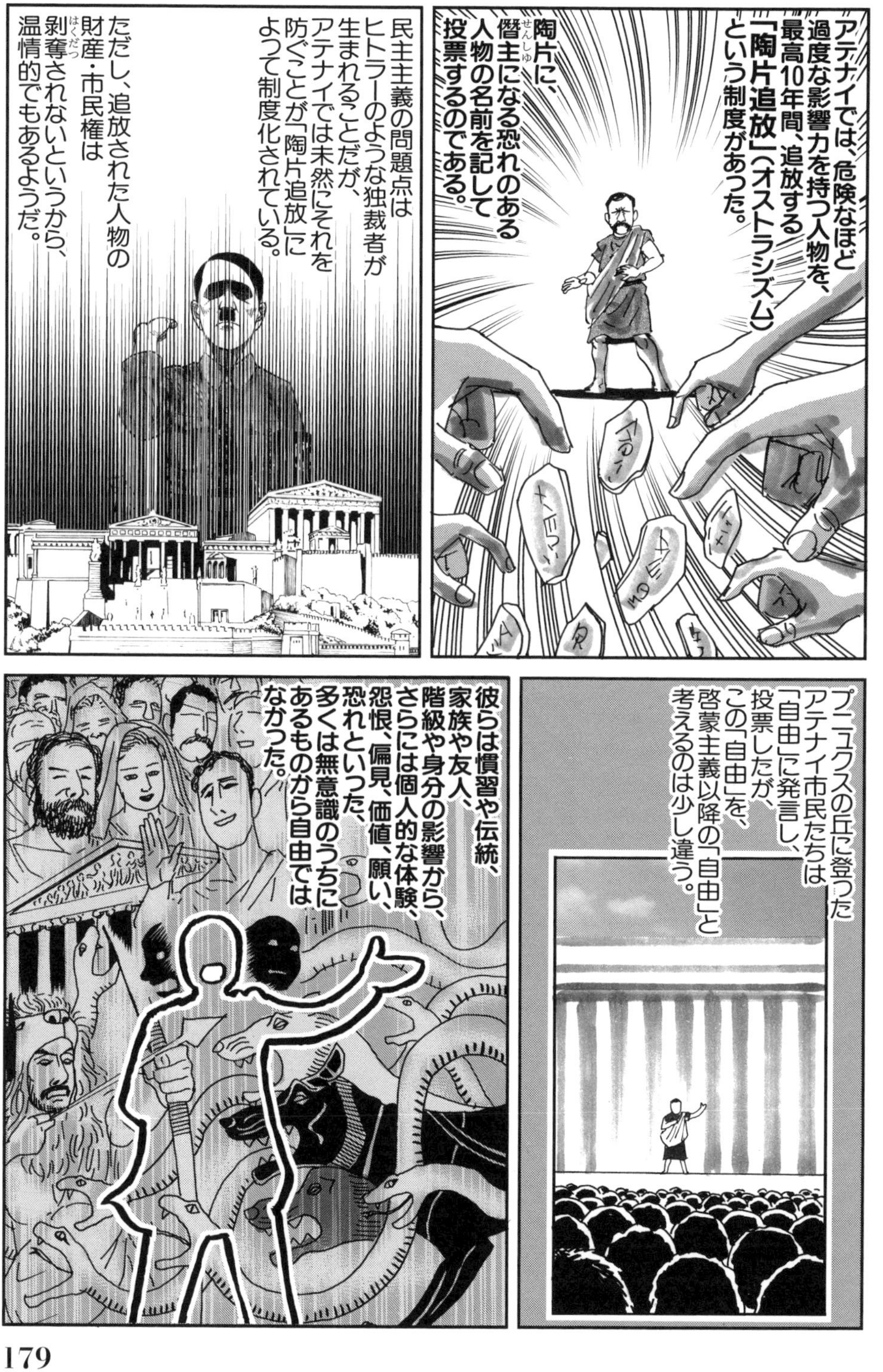

アテナイでは、危険なほど
過度な影響力を持つ人物を、
最高10年間、追放する
「陶片追放」（オストラシズム）
という制度があった。
陶片に、
僭主になる恐れのある
人物の名前を記して
投票するのである。
民主主義の問題点は
ヒトラーのような独裁者が
生まれることだが、
アテナイでは未然にそれを
防ぐことが「陶片追放」に
よって制度化されている。
ただし、追放された人物の
財産・市民権は
剥奪されないというから、
温情的でもあるようだ。
プニュクスの丘に登った
アテナイ市民たちは
「自由」に発言し、
投票したが、
この「自由」を、
啓蒙主義以降の「自由」と
考えるのは少し違う。
彼らは慣習や伝統、
家族や友人、
階級や身分の影響から、
さらには個人的な体験、
怨恨、偏見、価値、願い、
恐れといった、
多くは無意識のうちに
あるものから自由では
なかった。

「共同体意識」こそが、
アテナイ民主政治の
実際上の成功を
もたらした不可欠の
要素であって、
その意識は
国家宗教と
伝統によって
強化されていたのだ！

民会そのものが18歳以上の
若者の教育の場でもあったが、
アテナイにおける教育は、
「薫陶」「養成」であり、
道徳的特性や市民的責任感、
共同体ならびに
その伝統と価値との
成熟した、一体感の涵養
であった。

ペルシア戦争を、アテナイは
スパルタとの同盟軍で
勝利した。

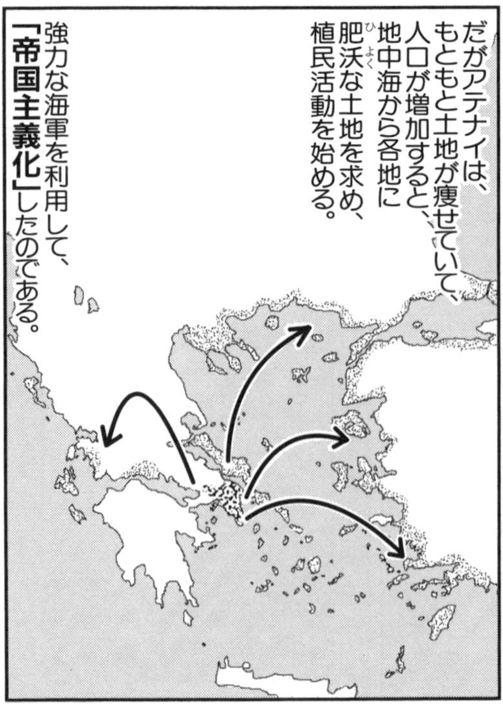
だがアテナイは、
もともと土地が痩せていて、
人口が増加すると、
地中海から各地に
肥沃な土地を求め、
植民活動を始める。
強力な海軍を利用して、
「帝国主義化」したのである。

アテナイの帝国主義化は
かつての同盟国・スパルタを
刺激することになる。
そして、ついに
前431年、
アテナイ陣営VS.
スパルタ陣営の
「ペロポネソス戦争」
に発展する。

この時期、アテナイの
民主主義は完成していた
と言われるが、実は
将軍ペリクレスによる
独裁政治だったと、
歴史家トゥキュディデスが
その著『歴史』で
証言している。
ΙΣΤΟΡΙΑΙ
歴史
トゥキュディデス

民会から抽選で選ぶ
官職は素人ばかりであり、
改選があるが、
「将軍職」は専門家であり
改選はない。

「陶片追放」の制度があっても、
やはり民主主義から
独裁者が生まれる危険は
妨げなかったことになる。

とはいえ、現実にアテナイは、ペリクレス将軍によって繁栄したことは否めず、「ペロポネソス戦争」の開戦1年目に、戦死者の国葬の際、ペリクレスがアテナイ市民に向けて演説した内容は、民主主義の理想が詰まっている。
われらの政体は他国の制度に追従するものではない。
ひとの理想を追うのではなく、ひとをしてわが範を習わしめるものである。
その名は少数派の独占を排し多数者の公平を守ることを旨として、民主政治と呼ばれる。
わが国においては、個人間に紛争が生ずれば、法律の定めによって全ての人に平等な発言が認められる。
だが一個人が才能の秀でていることが世にわかれば、無差別なる平等の利を排し、世人の認めるその人の能力に応じて、公け（おおや）の高い地位を授けられる。
またたとえ貧窮に身を起こそうとも、ポリスに益をなす力を持つ人ならば、貧しさゆえに道をとざされることはない。

われらはあくまでも自由に公けにつくす道をもち、また日々互いに猜疑の眼を恐れることなく自由な生活を享受している。
よし隣人が己の楽しみを求めても、これを怒ったり、あるいは実害なしとはいえ不快を催すような冷視を浴びせることはない。
私の生活においてわれらは互いに掣肘を加えることはしない。
だが事公けに関するときは、法を犯す振る舞いを深く恥じおそれる。
時の政治をあずかる者に従い、法を敬い、とくに、侵された者を救う掟と、
万人に廉恥の心を呼びさます不文の掟とを、厚く尊ぶことを忘れない。
ペリクレスは弁が立ち、優秀な将軍であったし、民主主義の理念の訴えは現代の政治家にだって役立つほどの見事さだろう。
これを見れば独裁＝悪という思い込みも再考の必要がある。
良き独裁というものもあるのではなかろうか？

スパルタとの「ペロポネソス戦争」の最中、アテナイの城壁内では、伝染病が蔓延し、市民の3分の1が死ぬという惨状になった。
そして、ペリクレスまでも、感染して死亡してしまった。
この混乱の中で、前415年に企てられたアテナイのシチリア遠征は、前413年にはほぼ全軍壊滅の失敗に終わった!
そして前412年、スパルタとペルシアが同盟を締結し、アテナイはいよいよ苦境に陥っていた。
ペルシア
アテナイ
スパルタ

このとき、アテナイの民主政を危機に陥れたのは、同胞の中から現れる「デマゴーグ」だった。
彼らは弁論術を武器に人気を集め、民会の決議に影響を与え、スパルタとの和平案に反対し、戦争の継続を唱えた。
現在でも、民主主義は常にこの「デマゴーグ」によって堕落させられる。
米国のイラク戦争は簡単にカタがつく！
フセインが倒れたら中東民主化のドミノ倒しだ！
若者がSNSで中東の民主化を実現させるぞ！
SNS革命バンザイだ！
これからはグローバリズムだ。国境がなくなって平和になるぞ！
さらに、アテナイの苦境を打開するためには、民主政を寡頭政にして、ペルシアの経済支援を受けるのが唯一の道だと主張するデマゴーグも現れた。
もはやアテナイは完全に「衆愚政治」になり果てていたのだ。
そして前411年、民会で民主政の廃止を票決し、400人による寡頭政権が誕生した。

この政権はわずか4カ月で倒れ、民主政が回復するが、
以後アテナイは海陸の両面からペロポネソス軍に封鎖され、
食糧不足から餓死者が出るに至り、ついに前404年、降伏した。
敗戦直後に成立した「三十人僭主」はスパルタ傀儡であり、過酷な圧政を敷き、アテナイ人を1500人も殺害した。
その後、民主派が決起して内戦となり、前403年に民主政が再び回復することになる。
この時期は哲学者ソクラテスが民衆法廷で弁明した事件と重なっている。

ソクラテスは「青年を腐敗させ、国家の認める神々と異なる神霊を信じた」という罪状で訴追され、死刑を言い渡された。
悪法も法だ。法によって死刑という判決が出たのなら、自分は甘んじてそれを受け入れよう！
この有罪判決の背後には、「三十人僭主」の時代に、ソクラテスが寛大な扱いを受けていたという誤解が市民の間に拡がっていたことがある。
ソクラテスの弟子・**プラトン**は、「三十人僭主」の暴政と、ソクラテスの死刑判決に失望し、民主主義に対する徹底的な批判者となる。
ソクラテスの弁明
クリトン
プラトンは民主主義の「自由・平等」がモラルの低下を招き、権威が否定され、価値相対化に陥る、
そして衆愚政治となって、最終的には僭主独裁政に行きつくと予言した。
プラトンの理想としては哲人政治を掲げている。
国家（上）

さて、ギリシア北部の
マケドニア王国で、
フィリッポス2世という
王が前359年に
23歳で即位した。
かのアレクサンドロス大王、
(アレキサンダー大王)の父である。
この2代の王は
世界史を動かす
偉大な存在となる。
フィリッポス2世は
国内の軍制改革に成功し、
北方を平定し、ついに
ギリシアに進出してきた。
アテナイは南下する
フィリッポスの軍を
阻止できずに
追い込まれていくのだが、
フィリッポスは47歳で、
暗殺の凶刃に倒れてしまう。

だが20歳の息子
アレクサンドロスが即位し、
わずか10年で、
ギリシアから
インダス川にいたる、
広大な地域を
征服することになる。
黒海
ギリシア
カスピ海
地中海
イラン
パキスタン
エジプト
アラビア半島
インド
紅海
ペルシア湾

このアレクサンドロスが
12歳の頃、家庭教師を
務めていた一人が、
プラトンの弟子にして
大哲学者、
アリストテレスだった。

だが、アレクサンドロス大王も
32歳でマラリアに罹り、
高熱で息を引きとった。

その訃報が伝わると、
ギリシアではマケドニアから独立しようという動きが生じるが、
アテナイの陸・海軍ともマケドニア軍に敗れ、アテナイは寡頭政に移行させられ、
約180年続いたアテナイ民主主義はついに終焉を迎えた。

アリストテレスは民主主義について、こう考えた。
王政から逸脱すると僭主政になり、
貴族政を逸脱すると寡頭政になり、
民主政を逸脱すると衆愚政になる。
民主政の原則は「自由」であり、無産者が有産者より多数だから貧乏人が支配する制度である。

王政にしろ、貴族政にしろ、民主政にしろ、堕落しなければどの制度でもいいのだろうが、
王　政
貴族政
民主政
堕落すると…
僭主政
寡頭政
衆愚政
アリストテレスは最も優れた制度は「貴族政」としている。
アリストテレスの言う「貴族」とは「徳」を持つ者のことである。

ごーまんかましてよかですか？
民主主義はなんと紀元前5〜4世紀に、すでにアテナイで実験されている！
それは共同体意識、ナショナリズムとは切り離せないことを知るべきである！
そして、その時代に生き、民主主義に懐疑的になったソクラテス、プラトン、アリストテレスの三大哲学者に学ぶことは多い！

ゴーマニズム宣言 SPECIAL

民主主義という病い

第14章 シュールズ・ポカQは市民ではない

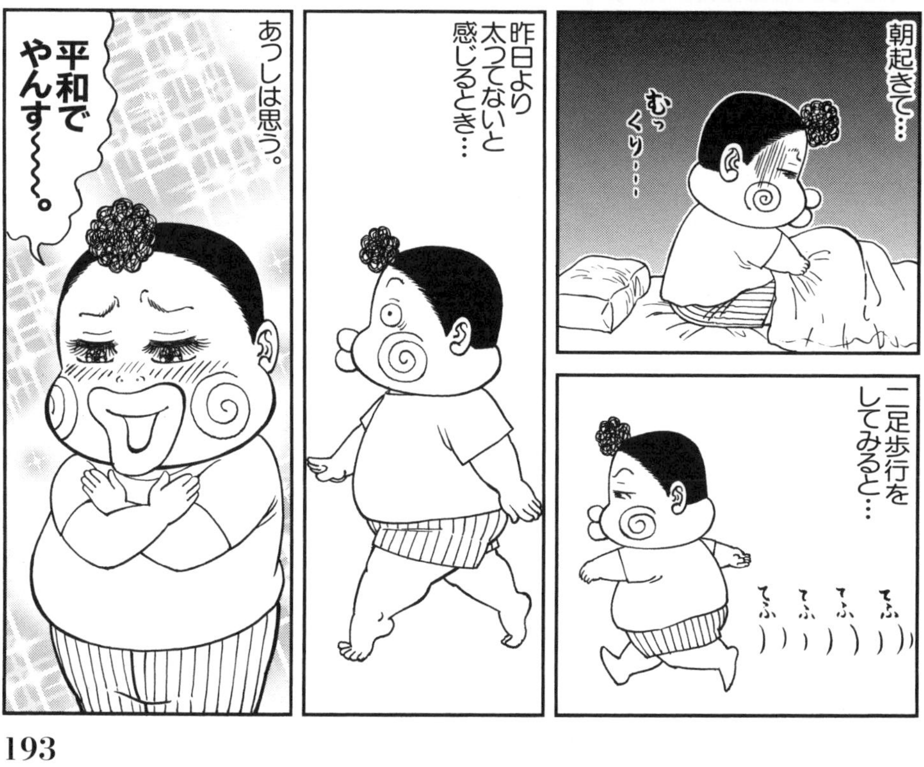

朝起きて…
むっくり・・・
二足歩行をしてみると…
てふ
てふ
てふ
昨日より太ってないと感じるとき…
あっしは思う。
平和でやんす〜〜〜。

自転車のサドルがあつしの尻に比べて細すぎるので、
昨日買ってきた広いサドルに付け替えたら、
ポン!!
快適な乗り心地だったとき、あつしは思う。
スィー…
平和でやんす〜〜〜。
通勤途中、保育所の子供を箱車に乗せて運ぶ保母さんを見たとき…
あつしは思う。
平和でやんす〜〜〜。
シャー
仕事中、ヘッドフォンでBABYMETALや私立恵比寿中学を聴くとき…
どっかーん!
あつしは思う。
平和でやんす〜〜〜。

トイレで下半身を脱いで、大小便をするとき…
あつしは思う。
平和でやんす〜〜〜。
ブリリ…
帰宅して、2リットルのペットボトル赤ワインを飲みながら…
小一時間、ゲームをするとき…
どいておくれよドッグミート。
あつしは思う。
平和でやんす〜〜〜。
そして、あつしにはぜいたくすぎる羽毛布団で、眠りにつくとき…
あつしは思う。
平和でやんす〜〜〜。

あっしは
この平和が
大事でやんす
〜〜〜〜う！
戦争は
平和な自転車通勤が
できなくなるで
げしょ〜〜〜!?
戦時下にアイドルは必要か
"不謹慎"との声
NO!!
無駄
戦争は
アイドルの歌が
聴けなくなるで
げしょ〜〜〜っ!?
戦争は
ゲームの中で
平和にやりたい
でげすよ
〜〜〜っ!!

ポカQにとって平和とは何？と聞いたら、そんなことを話してたよ。
そんな「私」ごとの話を、いきなり戦争という「公」の話に結びつけるのは無理があるな。
だよね。
エロサイト見る平和のために戦争するなとか…
道になってスカートの中を覗く平和のために戦争するなとか…
ムダ毛を剃る平和のために戦争するなと言ってるようなものだ。
は…恥ずかしいね。
「私」と「公」は反対概念だから、プライベートな話を「公」の場ですることは恥ずかしいことでもある。
古代ギリシアの民主政の下では、「私的領域」と「公的領域」を区別する感覚は明確にあった。
ハンナ・アレントは『人間の条件』でこう書いている。
人間の条件
「ギリシア人は、自分自身の私生活は、本性において『愚かしい』と考えていたし、ローマ人は、私生活は公的な仕事から一時的に逃れる避難場所と考えていた。」

古代のポリス（都市国家）では、「公的領域」は市民が担うものであり、
「私的領域」は女・奴隷のものだった。
橋場弦氏の『丘のうえの民主政』にこんな的確な記述がある。
「ポリス市民にとっては、公の仕事に従事することこそ男の花道であり、そこで名を上げることは無上の名誉であったのに対し、自分の家のこと、すなわち日常的な私の領域だけに沈潜することはむしろ恥ずべきこととされた。」
丘のうえの民主政
そもそもポリス市民の民主政を支えていたものは「奴隷制」だった。
「奴隷」は戦場で捕虜になった者、海賊に誘拐された者、教養のある者もいて、市場で売買され、奴隷の子は奴隷になった。
市民は奴隷に労働をさせて、余暇を作り、政治を語り、「民会」に参加し、
戦争という「公的領域」に参加していたのだ。

市民とは、土地を持ち、神話的英雄を祖先とする血縁グループに属し、戦争に参加する者たちだった。
ポリスで最も尊い職業は農業だが、広大な農地を奴隷に管理させる者が尊敬される。
そもそも労働は軽蔑すべきもので、奴隷にやらせるものである。
アテナイ人たちは豊かで余暇に恵まれている者が「美にして善なる者」で…
その反対に貧しく、仕事に追われている者は醜く、人間としての徳に欠けると考えていた。
市民のうちでも金持ちが自分の持つ馬に乗つて、戦争に参加でき、
次の小金持ちは重装備兵、
貧しい農民や職人は軽装備兵や、軍船の漕ぎ手だつた。

裕福な者には知性があり、徳がある。
貧しい者には知性がなく、品性が卑しい。
そう信じられていた。
市民は「公的領域」に関することだけに関心を持ち、いざという時は命を賭けて戦争に行けばいいのである。
女や奴隷のような非市民は「私的領域」をやればいい。労働をやればいい。家政をやればいいのだ。
ハンナ・アレントはこう説明する。
「私的生活だけを送る人間や、奴隷のように公的領域に入ることを許されていない人間、あるいは野蛮人のように公的領域を樹立しようとさえしない人間は、完全な人間ではなかった。」
「『私的private』という言葉は、もともと『欠如しているprivative』という観念を含んでいる。私生活に拘泥（こうでい）する者は真に人間的な生活に必要な物が『奪われているdeprived』ということを意味する。」

「政治的領域に入った者は、
だれでも、まず自分の生命を
賭ける心構えがなくてはならない。
生命に対して愛着しすぎれば、
それは自由を妨げたし、
それこそ奴隷のまぎれもない印であった。
したがって勇気はすぐれて
政治的な徳となった。
そして勇気を持つ者だけが、
その内容と目的において
政治的である共同体に迎え入れられた。」
ご飯を作って待っているお母さんがいる平和…
お祖母ちゃんに仕送りありがとうと言う平和…
エロサイトを見る平和…
道になる平和…
ムダ毛を剃る平和…
見せるパックをフェイスブックに載せる平和…
ぜんぶ奴隷の平和である！

ごーまんかまして
よかですか？
民主主義を、より完成に
近づけたいなら、
奴隷制を採用して、
労働という
「私的領域」を遠ざけ、
政治や社会問題を
議論する
「公的領域」に集中し、
徳を積んで、
勇気のある戦士に
ならなければならない。
それが
直接民主主義を担う
「市民」だからである!!

第15章 「アラブの春」を日本人は見習うな！

安保法制成立前、SEALDsなどによる国会前デモを、多くのマスコミ・言論人が過剰に、無責任に称賛した。
9条守れ
9条壊すな
WAR IS OVER
peace
NO WAR
WAR IS OVER
#本当に止める
いつの時代も若者は未熟だから、彼らを批判したってしょうがないのだが、
「若者＝純粋＝正しい」と認識する極端に馬鹿な大人が続出するので、大人をしっかり批判しておかなければならない。
中にはこれを「アラブの春」になぞらえた者までいた。
例えば、あるジャーナリストはツイッターで連日、こんな煽動をしている。

「昨日並みに10万人規模で20日間も国会前の占拠を続ければ、安倍政権は潰れる。
タハリール広場を占領し、ムバラク独裁政権を倒した市民革命（2011年）がそれを教える。」
（2015年8月31日）
「普通の人が20日間も休めるか？とのご指摘を頂いた。
心配ご無用。
入れ替わり立ち替わりで、国会前の占拠を続ければよいのだ。
エジプトの民はそれをやってのけた。
『あれっ、今日ムハンマドさんは？』
『ムハンマドだったら今日は仕事だよ』
こんな調子だった。
夕方仕事が終わって来る人もいた。」
（9月1日）
あきれた煽動だが、そもそも「アラブの春」とはどういうもので、その結果、現在どうなっているのか知っているのだろうか？
「アラブの春」の発端は2010年12月17日、北アフリカ・チュニジアで失業中の26歳の青年が、路上で青果販売をして当局の取り締まりを受け、抗議の焼身自殺を遂げた事件だった。

…もう、この時点で日本のデモとは比較にもならない。
日本で、政府への抗議のために焼身自殺するほど切羽詰まった青年が一人でもいただろうか。
しかも、アラブにおける「焼身自殺」は、とてつもなく重い意味がある。
イスラム教では自殺が禁じられている。
例外は聖戦(ジハード)と認識される自爆テロくらいだろうが、これも本来のイスラム教から言えば邪道である。
さらに、イスラムでは最後の審判の日に死者は甦ることが想定されており、甦るための身体を残すため、決して火葬はしない。
まして自ら焼身自殺するなど考えられない。
焼身自殺はイスラムのタブーを二重に侵す、決してあってはならないことであり、その衝撃は大変なものだったのだ。

当時のチュニジアの経済は、
成長率3・8%と
悪くはなかったが、
失業率は14%前後、
特に若年層の失業率は
25～30%程度と
非常に高かった。
23年の長期にわたる
ベン・アリー独裁政権の
腐敗に対する不満は高まり、
しかも政権の後ろ盾と
思われていたアメリカが
実はもう政権を
見離していることを
ウィキリークスが暴露。
国民が爆発する
下地ができ上がって
いたところに、
焼身自殺事件は
起きたのだった。
まず青年の親族が
自殺現場跡の写真を
フェイスブックに投稿、
これを衛星放送
アル・ジャジーラが取り上げ、
情報は瞬く間に伝わり、
政府への抗議デモが
急速に全国へ広まった。
ALJAZEERA
一方、政権では軍部や
内部の寝返りなども重なり、
青年の焼身から
わずか一カ月足らずで
ベン・アリー大統領は
国外逃亡し、
政権は崩壊。
これは
チュニジアの国花にちなんで
「ジャスミン革命」と呼ばれた。

盤石と思われていた
長期独裁政権が
あえなく崩壊した
「ジャスミン革命」の
衝撃は、たちまち
アラブ各国に広がり、
「アラブの春」といわれる
未曽有の政治変動が
巻き起こった。
エジプトでは
「ジャスミン革命」の
わずか一カ月後、
大規模な反政府デモに
圧される形で、
30年に及んだ
ムバラク大統領の
独裁政権が崩壊した。
リビアでは政権が
反政府デモを弾圧、
これに対して
NATOが介入し、
42年に及んだ
カダフィ独裁政権は崩壊、
カダフィは殺害された。
イエメンでは政権と
反体制勢力の対立が
激化・長期化し、
湾岸協力会議(GCC)の介入により
サレハ大統領が退任、
33年に及んだ独裁政権に
幕を下ろした。

シリアでは、政府軍と反政府派の武力衝突になる。
だが、2代45年に及ぶアサド独裁政権は崩壊していない。
ドオオォン
他にも「アラブの春」の影響は中東のほぼ全域に及んだが、前述の国以外は今のところ既存の政治体制そのものにまで大変革を及ぼすことはなく、沈静化している。
では、「アラブの春」で特に大きな変革を経験したチュニジア、エジプト、リビア、イエメン、シリアの5カ国が現在どうなっているのかを見てみよう。
最も悲惨なのはシリアで、連日報道されているように、内戦で人口2200万人の半分以上が難民・避難民と化している。
アサド政権が崩壊していないのはチュニジアやエジプトとは異なり、軍が政権への忠誠を保っているためである。

反体制派には欧米諸国や
湾岸アラブ諸国、トルコが
武器や資金などの支援を
行い、アサド政権は
イラン、ロシア、中国が支持。
ロシアも激しい空爆を
開始した。
シリアは「内戦」といっても
純然たる国内の戦い
ではなく、国際社会の
対立を反映した紛争と
なって泥沼化した。
そして、その混乱を突いて
過激派組織イスラム国(IS)が
侵入して勢力を拡大。
絶望的な混迷状態である。
エジプトでは、反政府デモで
ムバラク政権が倒れたことで
革命が成功したかに見えたが、
その後の議会選挙では、
なんとイスラム原理主義の
政治組織「ムスリム同胞団」が
勝利してしまった。
その幹部ムハンマド・モルシが
大統領に当選するが、
モルシ政権は公約になかった
イスラム化政策を強引に
進める一方、リベラルな公約を
軒並み反故にした。

さらに失業率も一向に改善せず、生活物資の不足も深刻化したため、国民の不満は募っていった。
一方、軍は、ムバラク政権時代の体制を維持し、新政権の支配に服してはいなかった。
そして2013年初夏、モルシ政権退陣を求める運動が始まり、民衆から軍の介入を求める声が高まり、これに応える形で軍が事実上のクーデターを起こしてモルシ大統領を解任した。
市民の要請による軍事クーデターという珍しい事態となったわけだが、そのためにエジプトの「アラブの春」は、死者数千人、刑務所に投獄された者数千人という犠牲を出した挙句、軍事独裁政権が復活するという結末となった。

リビアではカダフィ政権崩壊後、軍閥化した各地の反カダフィ派民兵の権力争いが激化。
選挙によって新議会が成立するものの、これを認めない軍閥が別の政府を確立。
2つの政府が並立し、それぞれ支持する軍閥と連携して事実上の内戦状態となり、
例によってそこへ「イスラム国」が侵入してきている。
イエメンはもともと複雑な部族・宗派が入り混じり、北部ではシーア派系の部族武装組織フーシー派と政府軍の武力抗争が頻発、
南部では分離独立運動を抱えており、サレハ大統領の独裁で辛うじて統一国家を維持していた。
そのサレハが退陣した途端、フーシー派が首都を制圧してクーデターに成功。
その背後にはシーア派大国のイランがあると見て、スンニ派大国サウジアラビア主導の連合国が空爆を開始。
イラン対サウジアラビアの代理戦争の様相となった。

国連はイエメンが
「最悪レベルの人道危機」
に直面し、
人口の8割にあたる
2100万人が
人道支援を必要として
いると宣言している。
辛うじてうまくいっている
のはチュニジアだけで、
イスラム系の与党が
憲法案で民主派に
譲歩して対立を回避。
基本的人権の尊重、
表現や信教の自由、
男女平等を認めた
民主的な内容の
新憲法が制定された。
そして2014年秋には
議会選挙、
大統領選挙が
相次いで行われ、
民主化のプロセスを
歩んでいる。
その背景には、
チュニジアの経済が
エジプトなどに比べて
相対的に豊かなことが
あるという。
また、ローマ時代の遺跡
などの世界遺産や
リゾートによる観光を
主産業とし、
グローバル企業を
積極的に誘致して
いることから、
国内の雰囲気が
リベラルであることも
幸いしているらしい。

とはいえ、そのチュニジアでも楽観はできない。
2015年3月、首都チュニスの博物館を武装集団が襲撃し、日本人観光客3人を含む外国人観光客21人が殺害される事件が起きた。
犯行翌日には「イスラム国」が犯行声明を公開、「不信心と不道徳の巣窟であるチュニジアで、イスラム国の騎士が殉教した」と射殺された実行犯を称え、「(事件は)雨の最初の一滴」と、今後さらにテロを起こすことを示唆している。
イスラム教徒の中には、イスラム法による国家建設を理由とし、選挙や議会を許容しない「サラフィー主義者」というのがいる。
彼らはチュニジアの民主化プロセスから締め出されて過激化し、「イスラム国」と連携。
ドオオン
そこへ、経済の不調に不満を持つ若者たちがつながり、テロを頻発させているという。

こうして見ると、「アラブの春」とは
一体何だったのだろうと
思わざるを得ない。
そもそも、
独裁政権を倒せば
民主化の「春」が来るという
あまりに単純な
「民主主義イデオロギー」が
アメリカ発で
インターネットを媒介に
世界に蔓延している
ことに元凶がある。
イラク戦争でも、
フセイン政権を倒せば、
中東全域で
「民主化のドミノ倒し」
が起こると、
アメリカのネオコンが主張し、
日本の従米ポチ保守が
妄信していたが、
それが現在、どんな惨状に
なったかは、
誰もが知るところである。
「民主制＝善」
「独裁制＝悪」という
西洋の価値観を
鵜呑みにしてはならない。
アラブ諸国で
独裁体制が続くのは
それしか秩序維持の
方法がないからだ。

中東では、西洋が勝手に引いた人工的な国境線の中に、複雑に対立する部族や宗派が一緒くたに入れられている。
こんな所では「国民」の一体感、ナショナリズムが育たない。
ここで「国家」を維持する方法は強権支配しかない。
未だにその代替案はないのだ。
「アラブの春」を主導したのは若者たちである。
若者たちは20年から40年以上も独裁が続く国に生まれ育ち、
アラブ国家で独裁政権が崩壊したらどういうことになるかを知らなかった。
シリアで民主化デモを起こした若者を撮影し続けた『それでも僕は帰る』というドキュメント映画がある。
それでも僕は帰る
シリア 若者たちが求め続けたふるさと
若者が民主化デモを始める前に、老人はこう警告していた。
「独裁が壊れる前に国は血の海に沈む」

若者たちは「反体制」や「民主化」
といった難しい政治問題を
真剣に考えていたわけではなく、
ただ生まれてから
ずっと同じ支配者という
現状を変えたいと、単純に
考えていただけらしい。
現に、反体制運動を主導した
活動家や、その支持者、参加者は
「自由」「民主主義」といった
スローガンを掲げてはいたが、
これらの制度を定着させる
具体的なプロセスには
ほとんど言及していなかった。
独裁政権における腐敗や
経済格差などに、民衆が
不満や怒りを感じ、
それを改革しようとする
こと自体は正当であり
自然なものだといえよう。
だが、独裁体制さえ打倒すれば、
あたかも自動的に「民主化」が
実現し、問題が解決すると
考えていたとしたら、
それは恐るべき楽観主義
であり、無責任である。
アラブ世界の論壇においては、
「アラブの春」が高揚した
初期の段階から、
「革命（サウラ）ではなく、
混沌（ファウダー）を
もたらす動き」
と批判されていた。
だがそうした批判は
ほとんど注目
されなかったという。

また、「アラブの春」が
SNSなどを駆使した
「インターネット革命」
だという認識も
ほぼ虚構である。
アラブ諸国における
インターネット普及率は
極めて低く、国民を
網羅的に動員する
機能を果たせたとは
考えられない。
また、治安当局による
国民の監視、恣意的な
逮捕・拘留、そして密告や
裏切りが日常的である
独裁政権下で生活している
人々が、インターネットで
接触を求めてくる
見ず知らずの人に警戒心を
抱かないはずがない。
ましてや、インターネットでの
呼びかけに応じて、
弾圧で命を落とす
可能性のあるデモに
こぞって参加するなんて、
あまりにも現実味のない
話なのである。
では実際に「アラブの春」を
拡大・波及させたものは
何なのか？
アラブ社会では、
「インターネットを通じて
動員がなされた」
との報道を繰り返し、
大規模な反体制デモと、
それに対する弾圧の模様を、
連日連夜放映し続けた
衛星放送こそが
「アラブの春」の真の仕掛け人だ、
との解釈が常識となっている
という。

衛星放送アル・ジャジーラや
アル・アラビアは
「アラブの春」をめぐっては
「煽動放送」と言うべき
偏向報道に終始した。
同じデモの映像を
別の場所として使い回す
といった情報の捏造まで
行われていたし、
テレビスタッフの中には
体制転換を起こすために
意図的に情報を流したと
公言してはばからない者が
少なからずいた。
「独裁制＝悪」
「民主制＝善」という
勧善懲悪。
「悪（独裁制）」が滅びれば
「善（民主制）」が実現するはずだ
という無邪気な信仰。
そして「若者たちの
インターネット革命」。
このような
「アラブの春」を巡る
イメージは
全て虚構である。

このような現実をすべて無視し、日本でも若者デモを手放しで称賛するリベラル知識人やマスコミが跡を絶たない。
しかも、日本とアラブの状況はあまりにもかけ離れているのだ。
9条壊すな！
WAR IS OVER
peace NO WAR
WAR IS OVER
#本当に止める
ところが都合の悪い情報には目を塞ぎ、日本も「アラブの春」を見習おうと言い出す者までいるのだから、あきれ果てるしかない。
現実には、「アラブの春」は独裁よりも悲惨な状況を生み出したのである。
『ジャスミンの残り香』で、ジャーナリストの田原牧が紹介したエジプト人女性の声が象徴的である。
「エジプトは現在、国の体をなしていない。いまは安定が第一。軍政でも仕方がない。表現の自由とかナントカは文化人たちの話よ。まずは夜でも安心して外を出歩けるようにしてほしい」
田原 牧
ジャスミンの残り香
「アラブの春」が変えたもの
開高健ノンフィクション賞受賞作
革命は徒労だったのか。

ごーまんかましてよかですか？
「デモこそが民主主義だ」と熱狂する若者たち、
現場を持たぬ若者が、議論をないがしろに、お祭り騒ぎでデモに興じる姿を、称賛するマスコミや護憲派知識人、
彼らは大人として責任が取れるのだろうか？
代替案なき未熟な若者のデモに、大人がどう対応するかが問われている！

秘書みなぼんのトレボンⅥ ルーヴル美術館①

世界最大級の美術館「ルーヴル美術館」!
現在、所蔵品は30万点以上!!全てを見るには
軽く1週間はかかるそう。

入館後、早速「ミロのヴィーナス」が登場。
入館者は皆、この有名作品の真正面に陣取り
写真を撮っていた。一方、先生ぼんはというと…↓

ミロの半尻。
よしりん評「ミロのハンケツは、この臀部のこんもり感
がただものではない。尻全体の豊かさ、その弾力
が一瞬にして察せられる造形である。
触ってみたい、そう強烈に思ったが耐え抜いた。
人はみんな前から見ていた。もったいない。
ミロ!シリダス!という作者の挑発がわからない
のだろうか?」

横から鑑賞。
よしりん評「ミロのヨコチチは巨乳と可憐乳の間くらい
の大きさで、かなり感度がいいということが容易に
知れた。」

ゴーマニズム宣言 SPECIAL

民主主義という病い

第16章 グローバリズムは民主主義の敵である

フォーシーズンズ・ジョルジュサンクパリにチェックインした。
シャンゼリゼ通りからほど近い好立地で、伝統ある宮殿様式の造りながら、機能的な設備を兼ね備えている。
FOUR SEASONS
GEORGE V
パリに存在する8軒のパラスホテルの一つである。
わあああ、ここ、すご〜〜〜〜〜い！

ロビーに入るなり、
斬新で色鮮やかな
フラワーアレンジメントが
目に飛び込んでくる。
花の都パリ、
という言葉に
ぴったりだな。
このディスプレイは
一流のフラワーアーティストが
手掛けている。
毎週1万本もの花を買い付け、
テーマに基づきディスプレイされ、
ラグジュアリーな空間を
演出している。
因みに年間の花代は1億円とか。
我々の部屋は
1階がリビングで
2階が寝室の
メゾネットタイプ。
調理ができるほどの
立派な台所付きだ。
テーブルには
果物の盛り合わせと、
デザートワイン、
ケーキが用意されている。
フォーシーズンズのサービスは
実にきめ細やかで、
部屋の掃除が終わり
戻ってくると、
読み掛けの本に栞を
挟んでくれていたりする。
ドアマンはいつも
親しみのある笑顔で
挨拶してくれ、
タクシー・ドライバーに
行き先をフランス語で
伝えてくれる。

フォーシーズンズは
カナダの
ホテルチェーン
だよね？
こういうのも
グローバリズム？
フォーシーズンズは
各国の伝統や文化を
尊重したホテルを
作っている。
これは
グローバリズムではなく、
インターナショナル
だろう。
「グローバリズム」と
「インターナショナル」を
区別した方がいい。
昔は「インターナショナル」という
言葉が一般的だった。
今でもミス・インターナショナルという
美人コンテストがあるが、
「インターナショナル」は
「国と国の交際」、
つまり「国際化」という意味だ。
「インターナショナル」は
お互いの国柄を認めた上で
交際しようという感覚だから
健康的なのである。
通信情報交通の発達で
世界が狭くなったから
「国際化」は避けられない
文明の進歩だろう。
だが「グローバリズム」は
意味が違う。
「グローバリズム」は「地球化」だが、
地球を単一の「市場」にしようという
新自由主義のイデオロギーである。

「グローバリズム」は
国家の枠組みを超えて、
地球をフラットな
「経済市場」にしようとする
多国籍企業のための
イデオロギーなのだ。
したがって
「グローバリズム」にとって、
「国民国家」は邪魔になるから
むしろ消滅させよう
という圧力が高まる。

EUを見れば、
国境線をなくして
「モノ」「ヒト」「カネ」が
自由に移動する
一大経済圏を
作ろうとした
実験の結果が
見えてくる。
ドイツのような
独り勝ちの
国家が生まれ、
ギリシャのような
発展途上国化する
負け組国家が
生まれる。
各国の経済政策の
自由が奪われ、
移民も難民も自由に
国境を越えてくる中で、
テロリストも移動し、
抑圧されたナショナリズムが
鳴動し始めている。

EU内の各国の愛国者、
ナショナリストは、
「反グローバリズム」である。
国家の伝統・慣習を
守ろうとしたら、
「反グローバリズム」に
なるのは当然なのだ。
WTO
リベラルを気取った連中は
未だに排外主義はダメと
単純な偽善を言っているが、
いずれEUは無残なかたちで
崩壊するだろう。

元々「グローバリズム」という
イデオロギーの出どころは
アメリカである。
Japan As No. 1
Lessons for America
Ezra F. Vogel
もの作り・製造業で
日本に追い込まれた
アメリカが…

軍事機密だった
IT技術を開放し、
情報のグローバル化を
加速させ、
金融商品を
インターネットで
瞬時に売買できる
ようにして…

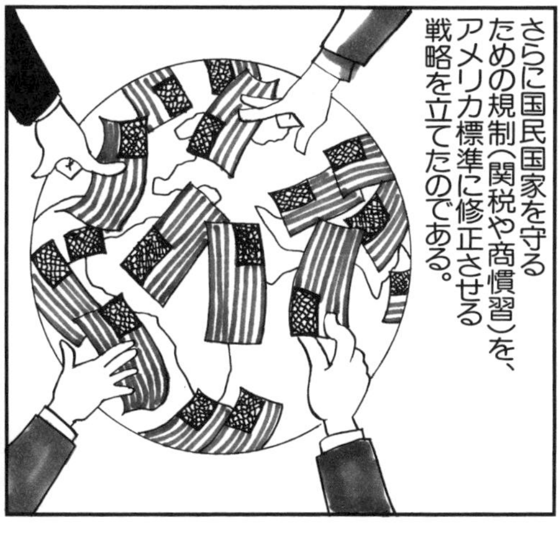
さらに国民国家を守る
ための規制（関税や商慣習）を、
アメリカ標準に修正させる
戦略を立てたのである。

「グローバリズム」が実は
「アメリカニズム」と言われる
ゆえんであり、
国民国家を弱体化させて、
世界中をアメリカが有利な
商売のルールで統一し、
単なる「地球市場」に
しようとする国家戦略、
それが「グローバリズム」
なのだ。

すでにこのアメリカの
戦略に乗せられた国々は
悲惨な目に遭っている
のだが……

驚くべきことに
我が日本政府までもが、
小泉政権から、民主党政権から、
安倍政権まで、ずっと
グローバリズムに乗ってしまい、
朝日・日本経済新聞（左派）から
読売・産経新聞（右派）まで、
グローバリズムに賛成している。
日本では右派も左派も、
国家を消滅させ、
世界を単一の市場に
したがっているのだ！

その結果が、日本でも
終身雇用制を崩壊させ
会社は労働者のもので
なくなり、
株主資本主義となり、
リストラが平然と行われ、
政府は株価だけを見て、
大企業のためだけの
経済政策を行い、
大企業は生産拠点を
海外に移し、
海外の雇用を増やし
海外市場のために活動し、
国内では設備投資せず、
非正規社員を増やし、
内部留保を溜め込み、
こうして中間層が崩壊し、
貧困層が拡大して、
格差が拡大するばかりの
社会となってしまった。

本来、国家には、それぞれの国柄や伝統があり、独自の商慣習もある。
これを「地球市場」の商売には邪魔な「規制」だと指摘され、「規制撤廃」させられていくと、ついには日本が日本である「国柄」が消滅してしまう。
全世界の国々が、今、そのような危機に陥っているのだ。
グローバリズムは国家の危機、ナショナリズムの危機であり、
すなわち民主主義の危機なのだ！
2001年に出版されたわしの『戦争論2』は、「同時多発テロはアイデンティティー・ウォーである」と題する章から始まっている。
新ゴーマニズム宣言SPECIAL
戦争論2
第1章
同時多発テロはアイデンティティー・ウォーである
これは9・11テロの直後に描いたものだが、この作品でわしは
「アメリカよ驕るな！グローバリズムはついに破綻した！」と描いた。
ここで指摘したことは、いま読み返しても全て当たっており、むしろ15年を経て、よりリアルになっていると言える。
アメリカよ驕るな！
自らの政治・経済・文化を脅かされてきた者たちの反抗心は根深い！
グローバリズムはついに破綻した！
文明社会への挑戦だと言う

15年前に、テロリズムを生むのはグローバリズムであると主張しても、あまりに早い先見の明だったからか、
当時はリベラル知識人もこれを無視し、
自称保守派はあまりに馬鹿が多すぎるから、わしが言っている意味すら分からなかったらしい。
冷戦後の対立点は宗教・民族・文明となる！
オサマ・ビンラディンのテロリスト・ネットワークこそまさにグローバル！
マネーゲームで資金を作りITで情報を仕入れ連絡を取り
軽々と国境をまたいで入国し市民を装って時を待っていた
自称保守派からはわしに対する猛反発が起きて、バッシングが巻き起こる始末だった。
反米め——っ！
テロの味方する気か——っ！
当時のリベラル陣営では、これからは国境線がなくなるとか、「国民」はなくなって「世界市民」になるなどという言説が流行り、
「国家がなくなれば戦争がなくなり、世界は平和になる」と本気で唱えるグローバリズム信奉者ばかりだった。
ところが実際に起こったことは真逆だった。
グローバリズムのために世界中でテロが横行するようになり、平和は失われたのだ。

9・11の頃は、アメリカが国境の壁を低くしたから、テロリストが易々と流入し、市民を装って潜伏することができた。
さらに、規制緩和のせいで、当時はテロリストが素性を隠したままパイロット養成学校に入ることもできた。
空港の管理も民間に委託され、コストカット競争で手荷物検査もルーズになっていたから簡単に機内に凶器を持ち込むことができた。
そして9・11の首謀者、オサマ・ビンラディンは金融グローバリズムによるマネーゲームで資金をつくり、ネットで情報を仕入れ、連絡を取り、テロを決行した。
2015年パリで起きた無差別テロも、首謀者はモロッコ系ベルギー人で、実行犯はシリアへの渡航歴がある過激派のフランス人や、シリアからの難民を装って入国したと見られる人物など「グローバル」なグループだった。
国境の壁が低いからテロリストは容易に侵入できるのだ。

特にEU加盟国のうち22カ国と、その他4カ国で形成するシェンゲン圏では、国境管理が廃止され、出入国審査なしで行き来できるようになっていた。
だからこそ、国際手配されていたテロリストでさえ楽々とベルギーからフランスに入国できたのだ。
今日、「イスラム国」などは、さらにインターネットを活用し、世界中からテロリストを集めている。
ネットの宣伝に惹かれた者がヨーロッパからもアメリカからもテロ組織に入っていく。
もはや中東からテロリストを送り込む必要もなく、欧米に生まれ育った者が自国でテロを起こす「ホームグローン・テロ」もできる状況だ。
ドーン
テロリストにまではならなくても、金融グローバリズムによって発生した99%の貧困層の多くは、イスラム教徒になる可能性が高い。
イスラム教は平等主義を掲げ、貧困層に優しい宗教である。

イスラム教では、富の追求は善とされながらも、それはウンマ（イスラム共同体）全体の利益にならなければならない。
個人の財産の無制限な蓄積はムスリムの基本的行いである五行のひとつ「喜捨（きしゃ）」によって戒められていて、これによって富の再分配が行われるようになっている。
世界中で格差が拡がれば、貧困層がイスラム教に回収されるだろう。
そしてその中でも希望が見えぬ若者たちは、過激なテロリズムに走る危険性が高まる。
フランスでは、人気作家ミシェル・ウエルベックの小説『服従』が話題になっている。
Michel Houellebecq
Soumission
MICHEL HOUELLEBECQ
フランスに穏健派イスラム原理主義組織「ムスリム同胞団」による政党が生まれ、2022年の大統領選挙に勝利してイスラム政権を樹立。
パリ・ソルボンヌ大学は「パリ・ソルボンヌ・イスラム大学」と改名され、女性たちは西洋風の衣服を脱ぎ捨てベールをかぶることを支持し、非イスラム教徒の教授たちは改宗しなければ失職する…という近未来小説である。

すでにフランスは旧植民地からの移民などによって欧州一のイスラム人口を抱えており、さらにグローバリズムによる人の流入と貧困層の改宗によってイスラム教徒が増えていけば、実際にイスラム政権が誕生してしまうのではないかという危機感があるのだ。
アメリカでも、移民がこの先もどんどん入ってくると、自分たちが少数派になると白人がおびえている。
だから、ドナルド・トランプの「イスラム教徒は全面的に入国禁止にしろ」という暴言が支持されることになる。
TRUMP
Fort Worth, Texas
イラク戦争の時、アメリカのネオコンはフセイン政権を倒したらイラクは民主化する、すると中東全域で「民主化のドミノ倒し」が起こると言っていた。
日本の自称保守も、フセイン政権を倒して、イラクを民主化すべきと戦争を支持し、
これからはアメリカ一強の時代になるとか、アメリカが世界の幕府になるなどと言っていた。

一方、いわゆる
「アラブの春」の時は
サヨク・リベラルの側が、
独裁政権を倒して、
アラブを民主化すべきと
支持した。
右も左も
「民主主義」を
グローバル化して、
中東を民主化できると
信じていたのだ。
その結果は、どちらも大失敗。
世界のどこにでも
民主主義を移植できるという
発想が間違っていたのだ！
独裁政権を倒しても
民主主義は出来上がらず、
ただ手のつけられない
無秩序状態となっただけだった。
フセイン政権の残党は
イスラム原理主義と結んで
「イスラム国」を組織し、
「アラブの春」以降の混乱に
乗じて勢力を伸ばし、
中東全体がテロリストの
巣窟になってしまった。
グローバリズムと
民主主義が
テロリズムを
生んだのである!!

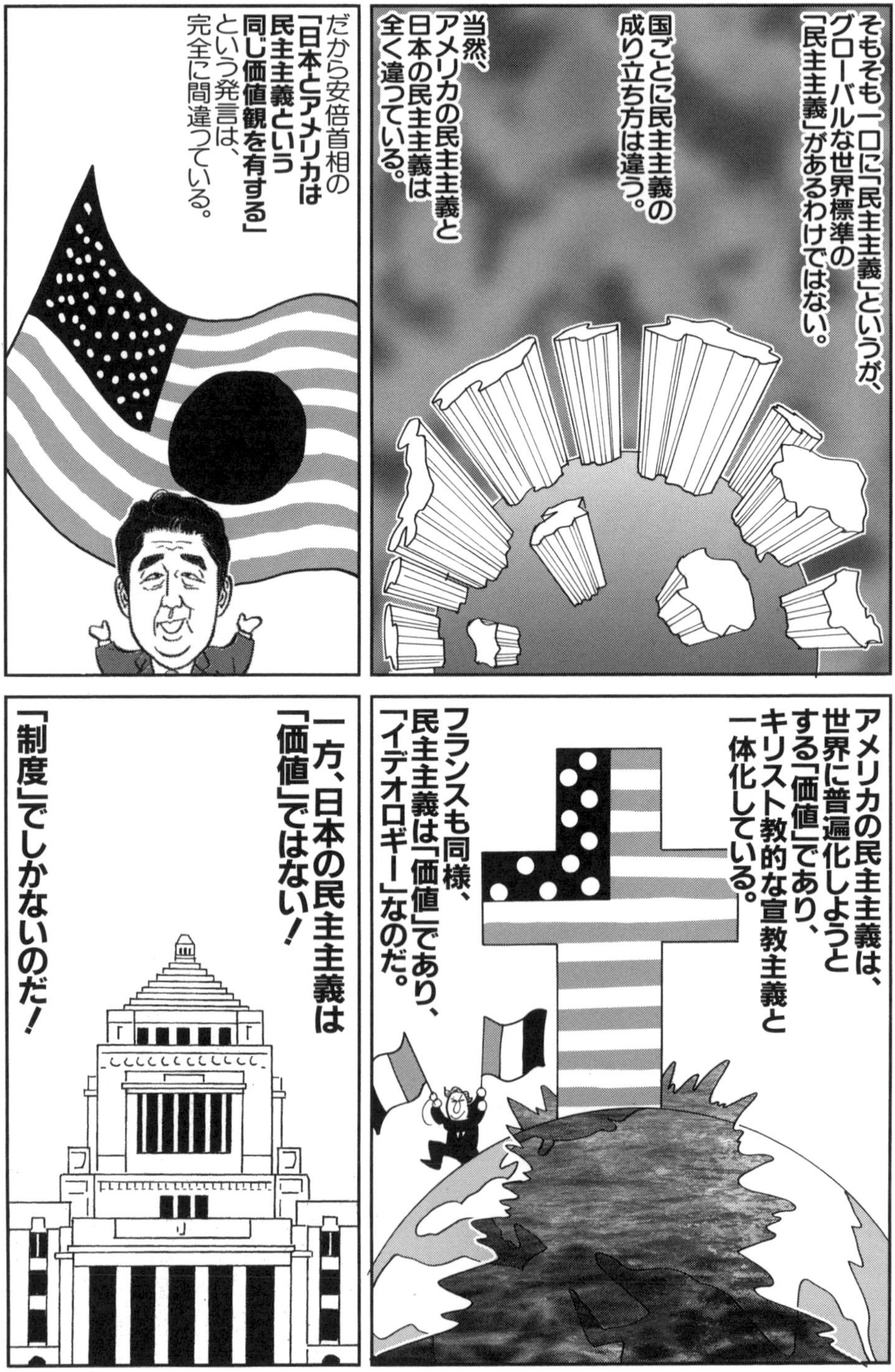
そもそも一口に「民主主義」というが、グローバルな世界標準の「民主主義」があるわけではない。
国ごとに民主主義の成り立ち方は違う。
当然、アメリカの民主主義と日本の民主主義は全く違っている。
だから安倍首相の「日本とアメリカは民主主義という同じ価値観を有する」という発言は、完全に間違っている。
アメリカの民主主義は、世界に普遍化しようとする「価値」であり、キリスト教的な宣教主義と一体化している。
フランスも同様、民主主義は「価値」であり、「イデオロギー」なのだ。
一方、日本の民主主義は「価値」ではない！
「制度」でしかないのだ！

世界の各国には、独自の伝統・慣習・文化があり、この国柄から生まれた守るべき産業もあろう。
関税を撤廃して、自由貿易を推進し、産業を国際分業制にしてしまうのはとんでもない暴挙である。
規制・関税で、自国の産業は守らなければならない。
どうせ、そろそろこのグローバリズムの実験も終焉を迎えるだろう。
「パクス・アメリカーナ」が終わる、アメリカの覇権による平定の時代が終わるということは、実はグローバリズムの終わりなのだ。
自国のルールを他国に押し付けるには、いざとなれば軍事力を行使して、地域を平定する国家の威信を見せつけておかねばならない。
だが、アメリカは、アフガン・イラク戦争の失敗で、内向きになり、軍事力の肩代わりを同盟国にしてもらい、国内の製造業の復活に戻りたがっている。

ごーまんかましてよかですか?
グローバリズムは国家を弱体化させ、テロリズムを生む実験である!
グローバリズムは国家の主権を制限し、民主主義が縮小するイデオロギーである!
愛国者なら、「反グローバリズム」になるのは当然だ!
グローバリズムを放棄して、それぞれの国柄を尊重するインターナショナルに戻すべきである!!

秘書みなぼんのトレボンⅦ ルーヴル美術館②

ルーヴルで最大の絵『カナの婚礼』や、『モナ・リザ』、『7月28日ー民衆を導く自由の女神』、『メデュース号の筏』等々、有名画の連続！
名画の周りに展示されている絵も目を惹く作品ばかり！
しかし、早くも歩き疲れた先生ぼんは座れる場所を探していた。

第17章 Léngué(れんげ)の美味礼讃

馬鹿を言うな！和食はそんなに軽くない！
いま改めて和食の味わいとフレンチの味わいの違いを自分の舌に意識させるんだ！
それが明日からのフレンチ修業の役に立つ！
修業なんかしてないもん。
してないよね〜〜〜。
……
ちゃんとパリで評判の和食の店も調べてきたから。
でかしたっ！
日本人の魂を売った和食になってないかどうか確認しておかねばっ！
外観はおしゃれで落ち着いた雰囲気のブラッスリー風。
店内はすっかり日本の居酒屋だ。
日本人のスタッフが作務衣姿できびきびと働いている。
安心感に満たされ、食欲が、がぜん増進。
メニューには庶民的な品々が並ぶ。
枝豆、アスパラガス、餃子、お好み焼き、
日本でなじみのものを注文。

酒はワインだぞ!
これはゆずれん!
日本酒なんて
とんでもない!
ここは
フランスなんだっ!
CHASSAGNE MONTRACHET VERGERS2011
から飲もう!
意外にも枝豆は濃厚な味だ。お好み焼きもクオリティーが高い。
食材の一つ一つがいちいち旨い。
さすがに農業国であると再認識させられる。
アメリカのように大量生産大量消費の大雑把な味とは違う。
1999年、欧州が米国のホルモン肥育牛肉の輸入を禁止した報復として、米国がフランス産のロックフォール・チーズに関税を課した。

これに抗議し、8月12日、フランスの農民団体と市民デモ団体が、ミヨーに建設中だったマクドナルドの店舗を「多国籍企業による文化破壊の象徴」として、「解体」した事件があった。
自国の農業の伝統を守る「反グローバリズム」の行動を知って、わしはフランスの農民に敬意を持っている。
不思議なことに料理がワインとぴったり合うので、2本目は赤ワインCHATEAU D'AMPUIS2008を開ける。
Château d'Ampuis
2008
CÔTE-RÔTIE
E.GUIGAL
サーモンの包み焼き、豚の生姜焼き、エビのフリッター。
フランスの食材だからワインと合うのか?
ごーまんかましてよかですか?
日本人は自国の農業を守る意識が低い。
TPPを契機に大規模化しろと言うが、小規模で土地に合った高品質の農作物を作ってきた伝統を壊すつもりか?
結局は安けりゃ何でもいいという、アメリカニズムに侵されるのが、民主主義の結論なのか!?

第18章 日本の民主主義の歴史

民主主義(正確には共和制)は、世界のどこでも実行できるものではない。
民主主義が機能するには、その前提として必要なものがある。
それは、安定したネイション(国民集団)やナショナリティ(国民意識)である。

互いの相違を超えて議論し、
必要ならば自らの主張を
譲り合いながら、
納得できる一致点を探っていく
という民主主義の手続きを
踏むには、たとえ利害や信条、
政治的立場などが違っても、
「お互いに日本人だ」といった
「連帯意識」(仲間意識)が
なければならないのである。
そのためには
ナショナルな言語(国語)や
文化が非常に重要となる。
民主主義の基本は議論であり、
議論をするには当然、
共通の言語が必要である。
それも、片言の言語ではいけない。
普通の人々が、自分たちの
生活感覚をきちんと言い表し、
互いに微妙なニュアンスまで
理解し合う話し合いを行って、
はじめて十分な民主的審議となる。
そのため、政治学者の施光恒(せてるひさ)氏は、
「一般民衆の使う
『日常の生活の言葉』で、
政治や経済、社会の重大事を
議論し、意思決定を行うことが
できなくなってしまえば、
民主主義の正統性が
失われてしまう危険性が
大きい」
と警告し、日本社会の
英語化に強く反対している。
日本をシンガポールのように!
グローバル人材の育成を急げ!
楽天 ユニクロ
日本社会を英語化しろ!
小学校から英語を!
公共の場での会話は英語のみに限定!
公用語を英語とする英語特区をつくるべきだ!
販売される書籍・新聞は英語媒体のみ!
大学授業の五割を英語で!
英語化は愚民化
施光恒
漱石、諭吉もあきれた
明治の英語公用語化論の再来。
英語化政策で
自ら「植民地」に!
水野和夫
中野剛志

安定したネイションやナショナリティ、
共通する国語や文化がなければ
民主主義は成立しない。
それは中東を見れば
明らかである。
言語も宗教も違う多民族を、
歴史も文化も無視して
人工的に引いた国境の中に
閉じ込めて、
むりやり「国家」とした
中東では、民主主義は
機能しない。
そもそも、議論が
成立しないのだ。
お互いの根底に連帯意識や
信頼感がないから、
議論のなかで寛容の精神や
妥協は生まれず、
見解の相違は先鋭化し、
対立は激化し、
行きつくところは内戦
テロということになってしまう。
それを防ぎ、
秩序を保つには、
有無を言わさず
押さえ込む
独裁制しかない
のである。

日本人は、自分たちがどれだけ恵まれているかということを、あまりにも知らない。
独自の言語と文化を持ち、意見は違ってもお互い日本人だという連帯意識が存在する、
民主主義を機能させる前提が、歴史の中で自然に形成されている国など、世界中、見回してもそうそうないのだ。
西洋において、民衆の間にまで連帯意識が生まれてきたのはフランス革命以降である。
18世紀から19世紀にかけて、政治に民衆が関われるようになったことから、初めて民衆に、国家のことに責任を持とうという意識が芽生えて、「民主主義」が生まれ、
その国家のためなら命も懸けようという「ナショナリズム」が生まれ、
それに伴い、この意識を共有する我々は同じフランス国民だという意識が生じたのだ。
つまり近代西洋においては「民主主義」と「ナショナリズム」がセットで歴史に登場したのである。

ところが日本では、国家の運命に自己を同一化させる発想が、古代から存在した。
西暦663年の「白村江（はくすきのえ）の戦い」のとき、筑紫国（つくしのくに）に大伴部博麻（おおともべのはかま）という人物がいた。
「大伴部」とは古代の部民制に基づく、豪族「大伴氏」に属する最下層の使用人を意味し、「博麻」が名前である。
博麻は、白村江の戦いの際に朝鮮半島に出兵し、敵国・唐の捕虜となる。
唐の長安に仲間たちと連行された博麻は、そこで唐の軍が日本を攻めようとしている情報を得る。
博麻はこのことを何としても国に知らせなければと思った。
彼らには、捕虜といえどもある程度、行動の自由があった。
だが、国に帰るだけの旅費がない。
そこで博麻は、自分の身を奴隷として売り、その金を旅費に当てて、仲間4人を日本に帰した。

こうして情報は日本に伝えられ、天智天皇は国防を強化、危機を免れることができたのだった。
一方の博麻は二十数年の間、唐で奴隷として過ごした後、ようやく日本に帰国した。
その博麻に対し、持統天皇は
「朕嘉厥尊朝愛国売己顕忠」
(朕は、朝廷を尊び、国を愛し、己を売ってまで忠を顕したことをうれしく思う)
という勅語を発し、階位と報償を与えた。
天皇が一般の個人に対して勅語を発したのは歴史上唯一であり、そしてこの勅語において、日本に初めて「愛国」の言葉が登場したのである。
身分的に最下層とされた人物が、国のために自分を犠牲にするという、明らかにナショナリズムを持っていたとしか思えない行動をとったのだ。
これは「日本書紀」に登場する史実であり、同様の出来事は至るところに現れていたであろうと推測される。
日本書紀

大伴部博麻のエピソードは、民主主義をテーマに平成27年11月8日、大阪で開催された小林よしのり主催「ゴー宣道場」において、神道学者・高森明勅氏が行った解説を参考にした。

民主主義の基礎となるナショナリズム・国民の連帯意識が、日本では古代から確認できるのである。
なぜ日本ではそのようなことが起きたのか？
その理由のひとつには、共同体の中心に「神社」があったことが挙げられるという。
秋の収穫の際、各々収穫物を持ち寄り、その村の長が中心となって祭りを行う。
パーン
パン
そこに全員が集まって身分の差に関わりなく年齢順に並んで、神様にお参りをしてお酒を飲む。
その時に、村の長は国家の重大事を伝え、庶民は国家の運命を身近に感じた。
一方で村の長は、民の意思を尊重しながらその地域の行政を運営していかなければならないことをここで確認した。
日本では古代から、こうして毎年定期的に、神様の前で国と自己の双方向の結びつきを実感する機会が与えられていたのだ。
これが日本のナショナリズム、日本の民主主義の源流であろうと思われるのである。

そして近代日本に民主主義が
根付く土壌を作るうえで、
重要な役割を果たしたものとして、
江戸時代の武士の存在があった。
戦国時代の武士とは異なり、
江戸時代も天下泰平の
世の中になると、
刀を抜いたこともない
武士も現れるようになる。
この時代の武士は、
いわば「公務員」である。
もちろん
「軍人」や「警察官」にあたる
武力を担う役割の者もいるが、
それ以外にも、
行政官として財務運営や
一般事務などを担当する者、
司法官としての仕事を行う者もいた。
そして、学問・教育の担い手も
武士だったのである。
浪人武士や隠居した武士が
寺子屋を始めることが
多かったため、
寺子屋は全国津々浦々に
存在した。
その数、実在したと
判明しているものだけで
約1万5000、
実態は7万5000とも
推測される。
これにより、
当時の日本の識字率は
世界一の水準に
達していた。

19世紀半ば、武士はもちろん
ほぼ全員が読み書きできたし、
町人ら庶民層の識字率は、
男子で推定49～54％、
女子では19～21％、
江戸に限定すれば
70～80％、
さらに江戸の中心部では
約90％が読み書き
できたといわれる。
これに対して、大英帝国絶頂期の
ヴィクトリア時代を迎えていた、
同時期のイギリス大工業都市の
識字率は、わずか20～25％。
ロンドンの下層階級の識字率は
10％程度だったという。
武士階級に留まらず、
庶民層、下層階級にまで
教育が行きわたっていたのが、
日本の教育の特徴である。
明治に入り、学制が発布
されると、たちまち全国に
小学校が建設されていくが、
これも江戸時代の蓄積が
あったためであり、
初期には寺子屋を
そのまま転用した学校も
多かった。
こうして、
庶民層にまで広く教育が
行きわたっていたことが、
日本に民主主義が根付く
下地になっていたことは間違いない。

そして、民主主義の理論そのものを用意したのも武士であった。
明治維新に際して、明治天皇が天地の神々に誓うという形で示した政府の基本方針である、「五箇条の御誓文」の第一条に
「広く会議を興し、万機公論に決すべし」
とある。
これこそが、日本の民主主義の原点である。
御誓文の草案を書いたのは福井藩士・由利公正であり、その第一条は草案では「万機公論に決し、私に論ずるなかれ」だった。
由利は幕末維新の思想に決定的な影響を与えた熊本藩士・横井小楠の門下生である。
小楠は文久2年（1862）、国策に関する意見書「国是七条」の中で、
「大いに言路をひらき天下とともに公共の政をなせ」
と書いた。
これが日本発祥の民主主義の萌芽と言ってよく、坂本龍馬はこれを参考に「船中八策」を書き、
「上下議政局を設け、議員を置きて万機を参賛せしめ、万機よろしく公議に決すべき事」
とした。

そして龍馬とも親交があった
小楠の門下生・由利公正を通じて、
この理念は「五箇条の御誓文」の
第一に記されることとなったのだ。
一、廣ク會議ヲ興シ萬機公論ニ決スヘシ
横井小楠が理想としたのは
古代シナの伝説上の名君が
行ったとされる
「堯舜 三代の治」であり、
この古代から伝えられた、
東洋王道の「公」の政治を
実現させようという思想が
日本の民主主義の源流に
存在したのである。
西洋流では「民主」が
最高の価値となっているが、
日本では「公論」「公共」「公議」など、
「公」という価値があったのだ。
だが明治政府は薩長藩閥の
専制になってしまい、
これに対して
「五箇条の御誓文」第一条の
実現を求める
自由民権運動が
勃興する。
そしてその中心となったのも、
下級士族層だった。
東京のみならず地方においても
民間人による私擬憲法が
続々と作られた。
中でも特に有名な
「五日市憲法」を起草した
千葉卓三郎は元仙台藩士である。

千葉は戊辰戦争に敗れた後、
各地を転々としながら
皇学・浄土真宗・ギリシャ正教を
学び、洗礼を受けるが、
その後も儒学・カトリック・洋算・
さらにプロテスタントなど
様々な学問を学び、
教職に従事するようになった。
千葉は結核のために
31歳の若さで世を去っているから、
驚いたことに「五日市憲法」は
ほとんど20代のうちに書かれた
ものということになる。
しかも千葉卓三郎は
死後85年を経過した
昭和43年(1968)に
「五日市憲法」が発見
されるまでは、
全く無名だったのである。
このような、とてつもなく有能で、
全く無名の元武士たちが
地方の民衆の間に入り、
地域の文化に貢献していた。
この土壌があってこそ、
民衆の権利意識は向上し、
民主主義が形成されて
いったと言えよう。

日本の民主主義は敗戦後にGHQから与えてもらったなどと思い込んでる者も多いらしい。
日本の民主主義は、市民革命を経てないからダメだなどと言ってる西洋かぶれが未だにいるのだからあきれる。
戦後の日本人は古代から明治までの日本人と比べても、劣化しているようだ。
ごーまんかましてよかですか?
自国の歴史も知らぬ「反知性主義者」が、「青い鳥」を探す無邪気な子供のように、「民主主義」を探している。
民主主義ってなんだ——っ?
民主主義はどこなの——?
民主主義が見つかんな——い!
おまえたちの足元を見ろ!
どこの馬の骨かわからぬ民主主義よりも、もっと偉大な価値が見えないか!?

秘書みなぼんのトレボン Ⅷ ルーヴル美術館③

←お疲れモードの先生ぼんが興味津々に見つめていた「赤子から乳を奪い返すの図」。ある作品の一部に描かれていたのだけど、ここにばかり注目する先生ぼんにつられ、絵全体を撮るのを忘れてしまった!!何という作品だったんだろう??

よしりん先生が一番好きな絵!?→

19世紀半ば、パリの再開発を行ったナポレオン3世（ナポレオン1世の甥）の居室がある。とんでもなく豪華!!

第19章
占領下教科書『民主主義』の洗脳

おぞましい本を読んでしまった。
最近出た『民主主義』という新書だ。
何しろこの本、民主主義を完全に宗教化してしまっている!
「民主主義を正しく学び、確実に実行すれば、繁栄と平和とがもたらされる。反対の場合には、人類の将来に戦争と破滅とが待っている。」
「大げさな言い方でもなんでもなく、民主主義は文字通り生か死かの問題である。平和と幸福とを求める者は、何をおいても、まず民主主義の本質を正しく理解することに努めなければならない。」
おい、おい、民主主義を信じなければ、祟りを受けるってか!?

この本は、民主主義とは「単なる政治上の制度」ではないと断言しているが、冗談じゃない。
そもそも「民主主義」という語自体が「democracy」の誤訳で、本来は「民主制」とでも訳すのが正しい。
特に日本においては「主義」ではなく、「制度」でしかない。
民主主義にグローバル・スタンダードはない。
その国ごとに、その国なりの民主主義があるし、決して民主主義が根付かない国もある。
ナショナリズムが民主主義の前提条件だからだ。
日本においては、民主主義とは「単なる政治上の制度である」と言っていい。
ところがこの本はこんなことまで主張するのだ。
「国によって民主主義が違うように思うのは、その外形だけを見ているからである。
同じ民主主義の根本精神がしみわたって行けば、どんなに職業や、信仰や、人種が違っていても、人と人との間に、同じ一つの理解と協力の関係が生まれる。
単に一国の内部だけでなく、別々のことばを話し、異なる文化を持つ違った民族の間にも、同じように理解と協力の関係がひろまって行く。
そうして、だんだんと世界が一つになって行く。
対立と搾取と闘争のない、ただ一つの平和な世界が築き上げられて行く。」
民主主義によって、国がなくなり、争いのない一つの世界がつくられるって…
どこのお花畑じゃい！

この本には「〈一九四八─五三〉中学・高校社会科教科書エッセンス復刻版」という副題がついている。
民主主義 上
民主主義 下
要するにこれは、GHQによる占領期間中に使用され、大江健三郎が中学1年の時に習い、感激して聖書のように崇め奉った、いわくつきの教科書の復刻なのである！
すんばらしい！これが民主主義かっ！
なんてありがたい教義なんだ、民主主義〜〜〜〜っ！
編者の東京工業大学准教授・西田亮介は「解説に代えて」として、こんなことを書いている。
「その筆致からは、かつて民主主義に最も真剣に向き合わざるをえなかった時代の日本人が、民主主義をどのように捉え、消化しようとしたのか、将来世代に、民主主義という新しい価値（観）をどのように伝えようとしたのかという息吹きを、感じとることができる。」
なんという無知！不勉強！
これこそ反知性主義である！
西田は1983年生まれというから、32、33歳だろうが、わしの『戦争論』も読んだことがないのだろう。
小林よしのり
戦争論
この教科書を、日本人が主体的に書いたものと思い込んでいるのだ！

西田亮介は「GHQ／CIEの指示のもとでこのテキストが生まれたことは事実」と認めながら、「だが、必ずしもGHQの『左翼』的主張をそのまま受け取ったものとはいえない」という。ではこの教科書に、GHQの意向に反する記述があるとでもいうのか？そんなことができたと思っているのか？あまりにも歴史に無知すぎる。

占領中の日本には、言論の自由も、教育の自由も、一切存在しなかった。
GHQの方針に反する者は全員「公職追放」となり、政府も、国会も、文部省も、GHQの傀儡でしかなかった。
この教科書は、GHQが日本人を洗脳しようとした方針に忠実に従って、日本人の御用学者が書いたものにすぎないのだ!!
もちろん、この本は「東京裁判史観」に染めぬかれ、こんな記述もある。
「世界人類に大きな悩みと、苦痛と、衝撃とを与えた第二次大戦については、ドイツとならんで日本が最も大きな責任を負わなければならない。その日本国民が、大きな苦しみを味わいつつあるのは、当然すぎるほど当然なことである。」
さらには、「民主主義の反対は独裁主義である」としたうえで、「日本も無謀きわまる戦争を始め、その戦争は最も悲惨な敗北に終り、国民のすべてが独裁政治によってもたらされた塗炭の苦しみを骨身にしみて味わった」などと書いている。

さらに西田は当時共産党がこの教科書に猛反発していた事実を挙げ、この教科書にはいわゆる「戦後民主主義」の主張とは少々異なる記述があるのではないかとも言っているが、当時の共産党は民族主義的な主張が強く、GHQ製の日本国憲法の制定にも反対していたということすら知らないのだろうか

ヒトラーは民主主義の下で
独裁政権を作り上げた
のであり、
「民主主義」の反対は
「独裁主義」ではない
ことなど、常識である。
また、日本には戦時体制に
よる権力集中はあったが、
それは米英でも
似たようなものであり、
「独裁政治」ではなかった。
東条英機ですら、
戦局悪化の責任をとる形で
辞職させられている。
もちろんこの教科書では、
アメリカが経済封鎖などで
日本を開戦せざるを
えないところまで
追い込んだことなど
一切書かれない。
デマだらけなのだ！
そして、日本は「軍閥」などによる
「独裁政治」によって
滅亡の淵（ふち）まで駆り立てられた、
その過ちを二度と繰り返さ
ないために、民主主義を
徹底しましょうという話に
なっていて、
こんなことまで言っている。
「ことに、日本には、しっかりした
民主主義の伝統がない。
まだまだ日本人の心の中には、
民主主義というと、何かしら
『外から与えられたもの』
という感じが抜けきれない。」

その一方でアメリカの民主主義については、こう高らかに謳い上げるのだ。
「新しい国アメリカの民主主義は、絶えず発展して来た。今も発展しつゝあるし、これからも発展して行くであろう。ただ一つの目標に向かって、国民の、国民による、国民のための政治を完成して行くために。」
当時のアメリカは公民権運動も始まっておらず、公然と黒人差別が行われていたのだが、そんなことは無視である。
さらに日本国憲法については、「日本国民の意志による憲法が作られなければならない」ということで「いろいろな曲折を経た後に、国民を代表する議会の審議によって新しい憲法が作りあげられた。」となっている。
日本国憲法公布記念祝賀 都民大會
日本人の意志のほとんど及ばないところで、GHQによって作られた憲法なのに、ヌケヌケと、「日本国民の意志による憲法」として、「一貫する民主主義の高い理想がある」と絶賛するのだ！

また、憲法9条についてはこう書いている。
「自ら起した戦争によって、自らの運命を破局におとしいれた日本は、ふたたびそのあやまちをくり返さないために、堅く『戦争の放棄』を決意した。（中略）平和をもって国是とする国々は多いが、憲法によってその精神をこれほどまでに徹底して明らかにしたのは、日本がはじめてであるといってよい。」
そして、武力を放棄してどうして国土を守るのかという国民の不安については、驚いたことに、こう答えるのだ。
「しかしながら、ますます大きくなりつつある戦争の規模を考えたならば、なまなかな武力を備えたところで、国を守るためには何の役にも立たないことがわかる。軍部は、わが国の陸軍や海軍は無敵だといって誇っていたが、太平洋戦争のふたをあけてみた結果は、ほとんど連戦連敗に終ってしまった。まして、敗戦後の日本がわずかばかりの武力を持ったとしても、万一不幸にして今後戦争が起ったときには、そのような軍備は、単なる気やすめとしての意味をさえ持ちえないであろう。だから、日本としては、あくまでも世界を維持していこうと決意している国々の協力に信頼し、全力をあげて経済の再興と文化の建設とに努めていくにしくはない。」
朝鮮戦争勃発前で、日本の再軍備など考えてもいなかった当時のGHQの意向を完全に汲んだ記述だ。
原著の教科書は上下二巻組で450ページもあり、新書はそのダイジェスト版なのだが、編者の西田は何を考えてこんな部分を選び収録したのだろうか？

西田自身は、9条の字句通りに自衛隊を廃止し、完全非武装で憲法前文に言う、「平和を愛する諸国民の公正と信義に信頼して、われらの安全と生存を保持しようと決意した」ってやつを、本気で実行すべきと考えているのか?
また、こんな記述もある。
「民主主義に反対するものは、独裁主義である。ゆえに、独裁主義は個人主義を排斥する。そうして、その代わりに、全体主義を主張する。全体主義は、個人を尊重しないで、個人をこえた社会全体を尊重する。民族全体とか国家全体とかいうようなものを、一番尊いものと考える。(中略)だから、全体主義は、個人の尊さを認めない。個人は、全体のための犠牲とならなければならないと教える。」
わしが『戦争論』で「個を超える公」を唱えたら、大江健三郎や井上ひさしらが猛反発してきたが、実はその論拠はこの教科書だったのだ。
この教科書に洗脳されたら、「個を超える公」と聞くと、即座に「全体主義だ!」と条件反射してしまうのだ。
民主主義 上
の〜べる?
きりきり!?
「個」と「公」は対立関係ではなく、「個を超えた公」を意識しなければ、単なる「利己主義」に堕して、「個」も成立しないとわしは描いたのだが、この教科書を学んでしまったら、それは決して理解できなくなってしまうのだ。
公
真の個人主義
健全な集団性
集
個
堕落へ
堕落へ
私

さらに明治憲法について、「その根本に、主権は天皇に存するという考え方があった」とする一方、「新憲法では、主権は国民にある。国民が最高の政治的権力を持っているのである」「天皇は、単なる象徴であってなんらの政治的権力も持たない」と書いている。
天皇については「単なる象徴」「象徴的行為にすぎない」という表現が繰り返されているのだ。
わしが『天皇論』で批判した、天皇は「単なる象徴」にすぎず、「国民主権」だから、天皇より国民の方が偉いという感覚も、「明治憲法は天皇主権だった」というデマも、この教科書に始まるものだったのだ。
明治憲法は超越的な天皇に主権があり、国民に権利がなかったヒドイ憲法でした！それにひきかえ戦後の日本国憲法は、国民主権のスバラシイ憲法です！
要するに、わしが『戦争論』や『天皇論』を描いて戦ってきた敵の原点は、この教科書だったと言っていい。
小学生のわしが、これを読んだ第一印象は、こうだった。
ようするに天皇って我々の意のままか！
我々の方が偉いんだな！
20年近く戦ってきて、ようやく国内の「空気」をいくらかは改善できたかと思っていたところに、若い世代が、こともあろうに占領期のGHQ洗脳教科書に感銘を受けて復刻版を出してしまうのだから、途方に暮れる。

さらにこの教科書
…というか、
「狂科書」には、
こんな記述もある。
「専制政治には国王がある。
権門政治には門閥がある。
金権政治には財閥がある。
そういう人にとっては、一般の者は、
ただ服従させておきさえすればよい
動物にすぎない。
あるいは上に立っている連中の生活を、
はなやかな、愉快なものにするための、
単なる道具にすぎない。」
そして、ただ搾取されてきた
民衆が、国王、財閥などの
「独裁者」を打倒する
唯一の手段が「民主主義」
だと力説している。
君主主義は悪だというのは、
名君を持てなかった
西洋の思想であり、
天皇を戴く日本には
合わないのだが、
それを全く理解できなかった
GHQの意向をそのまま
受けて書いているのだ。
要するに必ず下が上を
倒して歴史は進化して
いくのだという
「階級闘争史観」であり、
「進歩史観」である。
これはマルクス主義に限らず、
フランス革命の理論にも、
アメリカ独立宣言の理論にも
共通して存在する思想であり、
これらはみな左翼なのである。

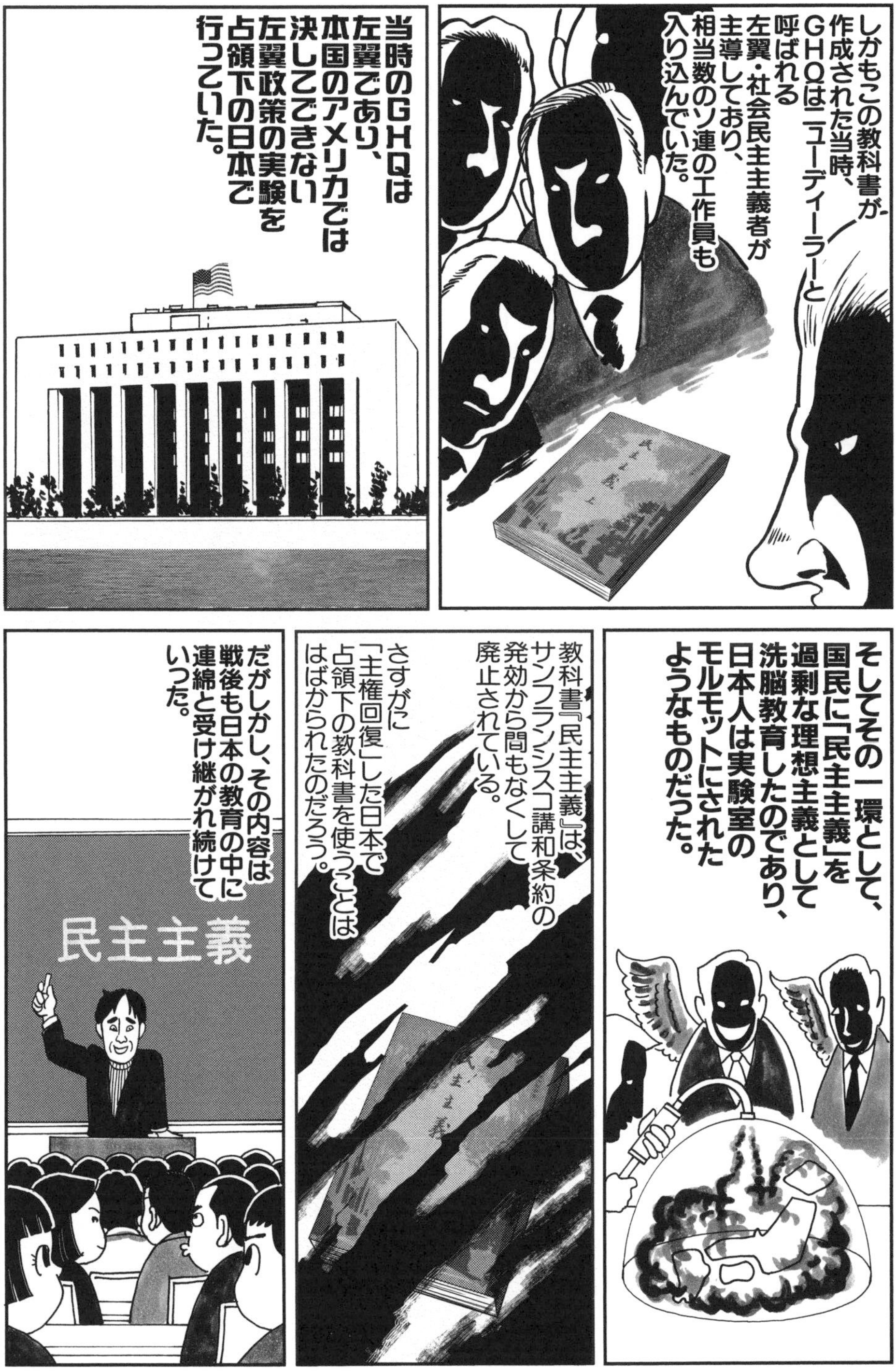
しかもこの教科書が作成された当時、GHQはニューディーラーと呼ばれる左翼・社会民主主義者が主導しており、相当数のソ連の工作員も入り込んでいた。
当時のGHQは左翼であり、本国のアメリカでは決してできない左翼政策の実験を占領下の日本で行っていた。
そしてその一環として、国民に「民主主義」を過剰な理想主義として洗脳教育したのであり、日本人は実験室のモルモットにされたようなものだった。
教科書『民主主義』は、サンフランシスコ講和条約の発効から間もなくして廃止されている。
さすがに「主権回復」した日本で占領下の教科書を使うことははばかられたのだろう。
だがしかし、その内容は戦後も日本の教育の中に連綿と受け継がれ続けていった。
民主主義

編者の西田は原著の
教科書を読んで、
「最も真剣に、日本に
民主主義を定着させよう
とした時期に、これだけの
内容を教育のなかで扱う
必要があったという、
その事実は重たい」
と称え…
その論考を
ジャーナリストの
津田大介が
運営する
サイトに載せ…
「無音」の統一地方選、早急に政治と民主主義を
理解するための「道具立て」の導入を
それを読んだ作家の
高橋源一郎が朝日新聞の
「論壇時評」で
「西田に触発され、
わたしは『民主主義』を
読み、圧倒された。
これは、教科書以上の
ものであり、また
『論』以上のものである
ように感じたからだ」
と激賞した。
朝日新聞 DIGITAL
(論壇時評)ことばを贈る　根本から考えるために　作家・高橋源一郎
それがきっかけで、
この新書が出版された
そうで、帯には
「高橋源一郎さん推薦！」
として「圧倒された」の
一文が躍っている。
民主主義
文部省
西田亮介 編
高橋源一郎さん推薦！
圧倒された。これは、
教科書以上のものであり、
また「論」以上のものである
幻冬舎新書
また、ジャーナリストの
江川紹子も原著を読み、
「その内容は、今読んでも
まったく古びることなく、
民主主義の真髄を
瑞々しく伝えつつ、
今の政治のありよう、
国民の役割を考えさせて
くれる」と絶賛している。
『民主主義』が説く民主主義とは
占領期のGHQの
洗脳本を、
廃止から63年も経って、
読んで感動する馬鹿が
こうもいるのだから、
あきれ果てる。

GHQは日本占領中、日本人に戦争に対する罪悪感を植え付け、二度と欧米に歯向かうことができないようにすることを目的とした「ウォー・ギルト・インフォメーション・プログラム」という情報戦略を行った。『真相箱』はその一環として出版された本である。
そもそもこの教科書には、「民主国家では、必ず言論・出版の自由を保障している」といったことが繰り返し書かれているが、これを書かせたGHQはこのとき、徹底的な言論統制を敷いていたということに思いも至らないのだから、あまりに馬鹿すぎる。
こんな本を復刻するのは、占領期にデマだらけの「日本軍の蛮行」を集めて出版された『真相箱』を復刻するようなものである。
真相箱
太平洋戦争の政治外交陸海空戦の真相
なんでこんなにGHQに占領されたがる奴が出てくるのだろう？
なんで日本人が自ら再洗脳を繰り返しているのだ？
2月17日、自民党の丸山和也参院議員は憲法審査会で、こう発言した。
ややユートピア的かもわかりませんけれども、例えば、日本がですよ、アメリカの第51番目の州になるということについてですね、憲法上どのような問題があるのか、ないのか。
丸山
さらに丸山は、日本がアメリカの51番目の州になれば、集団的自衛権も問題にならないし、拉致問題も起こってなかっただろうし、国の借金問題なども、行政監視がきいていたはずだと言った。
丸山

そして、日本州になれば人口比で最大の下院議員選出数を持つことになると言った。
日本州の出身が米国の大統領になるって可能性が出てくる。
ということは、世界の中心で行動できる日本という、まあ日本とはその時は言わないんですけれども、ありうるということなんですね。
その上で、こう言って大問題になったのだ。
例えば、いまアメリカは黒人が大統領になっているんですよ。
黒人の血を引くね。これは奴隷ですよ、はっきり言って。
こんな発言を日本の国会議員、それも憲法審査会の委員がするのだから驚く。
日本がアメリカの51番目の州になるのが「ユートピア」だと言うのだ！
主権国家・日本の独立を放棄し、アメリカに併呑（へいどん）された方が幸せだというのだ！
そして、「黒人奴隷」でも大統領になれたのだから、「日本人」でもなれると言いたいらしい。
こういう人を表現する言葉は「売国奴」以外にない！
こんな異常な発言が国会で出てくること自体が考えられない話だが、
もっと異常なのは、この発言よりも「奴隷の大統領」発言の方が問題視されていることだ。

オバマはケニア人留学生の父と白人の母とのハーフで、奴隷の末裔ではないという、普通にニュースを見ていればわかるような事実すら知らないことは問題ではあるが…
それにしても、「日本国の消滅を積極的に検討しようとは何事だ！」という怒りよりも…
「アメリカ大統領様に失礼だ！」の方が優先されるのだから、日本人はもうおしまいだ。
ごーまんかましてよかですか？
日本人は占領が終わったはずの日から64年もの間、自己洗脳を繰り返して、自らアメリカの属国化を進めてきた。
その結果、日本国の消滅を「ユートピア」と唱える国会議員まで出現し、
国民がそれを問題とも思わないという末期症状にまで至っているのだ。
絶望したいが、そうもいかない！
満身の怒りをもってわしは「属国民主主義」を糾弾する!!

第20章 パサージュ53の美味礼讃

3〜4年程前、フランス版ミシュランで、日本人が初めて2つ星を獲得したという朗報に接し、いつか渡仏する機会があれば絶対に行きたいと思っていたレストランが「パサージュ53」だ。
Passage 53
今や世界のあちこちで日本食ブームだが、本場フランスでフレンチの土俵に立ち、輝かしい快挙を成し遂げたシェフ佐藤伸一氏の料理を是非とも味わいたい!
言葉や文化が違う異国の地での修業は大変だろうが、最近ではフランスで活躍する日本人シェフの名を多く耳にするようになった。
佐藤シェフが先鞭をつけた功績は大きいのではないか?

「パサージュ53」の住所は
53 Passage
des Panoramas
75002である。
住所が店名なのだ。
因みにパサージュとは、日本でいうアーケード街のような商業施設。
1800年建造で、現存するパサージュで2番目に古く、国の歴史的建造物にも指定されている。
鉄鋼とガラス製の屋根が使われているのが特徴で、通路の両側に商店が立ち並ぶ。
切手商が集まるエリアはコレクターの聖地でもある。
実は1カ月前に日本から予約の電話を入れたのだが、ディナーの席は空いておらず、辛うじてランチの席がとれた。
Passage 53
ここが2つ星レストラン？と疑うほど超シンプルなドアを開けると、白を基調とした、これまた潔いほどシンプルな室内。
ランチ時だけど、ディナーコースも注文可との事で、ポーション少なめのディナーコースを注文した。
昼間から酔っぱらうことも躊躇せず、白ワイン
PULIGNY
MONTRACHET
RAMONET
を注文。

最初に出てきたのは
この季節ならではの
スペシャリテ、
新物のキャビア。
塩分がほど良い
フレッシュキャビアは
まったりとして、
口の中を幸福感で
充たしてくれる。
すかさずワインを飲めば、
マリアージュが完成、
得も言われぬ美味しさに
いきなり脳が痺れる。
シャンパンではなく、
白ワインでも相性は良好。
次に出てきた
フォアグラには驚いた。
今まで食べた
フォアグラはイチジク
など果物を使った
甘いソースで食す
ことが多いのだが…
これはビネガーを利かせて
さっぱりとした味に
仕上がっている。
甘いフォアグラは
赤いドレスを
身にまとった
グラマラスな女性を
連想するが、
こちらは着物を着て
楚々とした
「脱ぐと凄いんです」系の
女性かもしれない。
春野菜とオマールエビの
サラダは色どり鮮やかで、
リズミカルな食感で
ついがふがふと
平らげてしまう。
ホワイトアスパラガスは
繊細な盛り付けで、
味も見た目同様、
超繊細。
素材への追究心が
窺える一品だ。

この後、鴨、仔牛と続くのだが、驚くほどあっさりと食すことができる。
往々にして肉を食す時は、こちらにもパワーが必要なのだが、身体に溶け込むようにスルスルと入っていく感じだ。
余分なものを削ぎ落としていくとこうなる！というような逸品だ。
雑味がなく、静謐で、身体が浄化される気さえする。
この料理には禅に通じるものを感じる。
見事である。
満腹なのに苦しくない。
ごーまんかましてよかですか？
日本人が本場で挑戦したフレンチは、日本人の伝統（バランス感覚）を見事に活かして、美味を進化させている。
このような才能が日本から流出しないように、日本の富裕層はもっと金を使ってほしいものだ。
長生きするより文化と才能に金を使え！

第21章 大正デモクラシー、百花繚乱

日本の民主主義は敗戦後にアメリカから教わったと思ってる人が多いよね。
相当なアホだよね。
大正デモクラシーくらいは教科書に載ってたのにね。
明治の自由民権運動で国会開設を目指して、
その先に政党政治や普通選挙を目指す大正デモクラシーがあったということくらいは知っててほしいよ。
そのへん、私もよく知らないのよね〜。

武士の末裔にとって「議会制」は早くからすんなり理解されたが、
「政党制」には相当な拒否反応があったようだね。
そうなんだが、これは日本特有の現象ではなく、アメリカでもイギリスでも、「政党制」は「内乱」や「反乱」に繋がると思われていたようだ。
福沢諭吉は欧州で政党政治を目撃し、こう思ったという。
保守党と自由党と徒党のやうなものがあつて、双方負けず劣らず鎬を削つて争ふて居ると云ふ。何の事だ、太平無事の天下に政治上の喧嘩をして居ると云ふ。サア分らない。コリャ大変なことだ。何をして居るのか知らん。
えっ？議会制には当然、政党は必要じゃない？
「議会制」に関しては幕末期において、幕府側からも反幕府側からも、プランが出されていた。
土佐藩は大政奉還後、京都に「上下両議政所」を設ける提案を出していたし、幕府側も「大公議会」を京都に置き、「小公議会」をその他の都市に設けるとしていた。
将軍・慶喜のブレーン西周は「三権分立」を説き、幕府が行政権を握り、上院・下院の開設を建議している。
維新後は五箇条の御誓文に「広く会議を興し万機公論に決すべし」と謳った。

「議会制」は幕末から理解されていたが、「政党制」を受容し、成熟させていく過程が、大正デモクラシーの時期だったということがいえる。
日本人が完全に「国民」になり、政治参加の意欲を出したのは「日露戦争」が原因だった。
政府が戦費調達のため大増税をして、国民を軍事的に関与させたために、「ナショナリズム」が生まれ、これが「大正デモクラシー」の土壌になった。
だが、日露戦争後、ポーツマスで締結された講和条約で、日本は戦勝国であるにも拘わらず、賠償金を受け取ることができなかった。
これに対する不満から、1905年(明治38年)、戦死者の遺族や、戦費捻出のための増税に苦しんできた日雇い・人足・職人らが暴動を起こし、内務大臣官邸や、国民新聞社を焼き討ちした。
政府は弱腰じゃーっ!
講和反対!
戦争を継続しろーっ!
「日比谷焼き討ち事件」である。
これが横浜・神戸・大阪などの大都市に連鎖していく。

このような街頭での
騒擾を契機に、
下層の労働者に、
中小企業主や商店主や
都市のサラリーマンなどの
中間層まで加わって、
「民衆」が誕生したのだ。
「日比谷焼き討ち事件」は
日本における
「世論」の始まりであり、
世論は「戦争継続」を
求めていた。
民主主義は
「ナショナリズム」と共に
成立していったのだ。
だが、実は日露戦争は
かろうじての勝利であり、
もはや財政的に日本は
戦争を継続する体力は
残っていなかった。
つまり「民衆」の「世論」は
間違っていたのである！
民主主義なら正しい選択に
なるかと言えば、
そんなことはない。
民衆が間違ったことを
することは大いにあるのだ。
「大正デモクラシー」は
期間があいまいで、
この言葉を使うのが
不適当とする学者も
いるのだが、
明治38年の日露戦争後の
「日比谷焼き討ち事件」から、
大正14年の
「普通選挙法の制定」、
そして昭和6年の
「満州事変」までを、
ひとまず「大正デモクラシー」の
期間としておく。

この期間中、政治・社会・文化の
全般で、自由・平等の理念が
大衆レベルにまで浸透し、
資本主義の浸透と
一体になって、
人々が様々な権利や、
抑圧からの解放を
主張し始めた。
農民組合をつくり、
労働組合をつくり、
被差別部落民は
「水平社」を結成し、
学生は「新人会」をつくり、
大学の自治が確立し、
女性団体ができて、
普通選挙を求める
運動が盛り上がっていった。
文芸が社会的に承認され、
島崎藤村、夏目漱石、
森鷗外、谷崎潤一郎、
芥川龍之介らが名作を書き、
竹久夢二の美人画が
人気を得て、
宝塚歌劇が誕生し、
赤煉瓦の東京駅が開業し、
銀座からカフェが流行し、
チャップリンが公開され、
アインシュタインが来日し、
赤玉ポートワインの
ポスターが評判になり、
ラジオ放送が始まり、
モボ・モガのファッションが
流行る…そういう
近代化の時代だった。
「自動車」と「カフェ」と
「活動写真」が当時の流行であり、
これはつまり第一次世界大戦で
勝者として登場した
アメリカ文化の流入だった。

大正デモクラシーの
イデオローグの二大巨頭は
美濃部達吉と
吉野作造である。
1912年（明治45年）美濃部達吉は
『憲法講和』で
「天皇機関説」と「政党内閣」を唱えた。
第一次大戦下の1916年（大正5年）には、
吉野作造が「民本主義」を提唱し、
普通選挙の実現と政党政治の
実現を主張し、
さらには労働運動や
無産政党も擁護した。
無産政党とは合法的な
社会主義政党のこと。
共産党は暴力革命を狙うので、
非合法の政党だった。
吉野の論文
「憲法の本義を説いて
その有終の美を済すの
途を論ず」では、
こう述べている。
「民主主義といえば、
社会民主党などという
場合におけるが如く
『国家の主権は人民にあり』
という危険なる学説と
混同され易い。」
「政治上一般民衆を重んじ、
その間に貴賤上下の別を立てず、
しかも国体の君主制たると
共和制たるとを問わず、
普く通用するところの
主義たるが故に、
民本主義という比較的
新しい用語が一番
妥当であるかと思う。」
吉野作造評論集
吉野は民主主義について、
「この考えは、仏国大革命の
前後盛んに唱えられ、革命の原因は
実にこの説に胚胎して居るのであるが、
今日ではもはや、この説の理論上の欠点は
十分に認識せられ、君主国においては
もちろん、民主国においてもこの説を
そのまま信奉するものは至って尠くなった。
ただ一部の極端なる社会主義者の間に
この思想が今日なお幾分残って居る
位のものである。」と書いている。

吉野作造はキリスト教徒で、「ウィルソン主義者」だった。
第一次世界大戦への参戦を決意したアメリカ大統領、ウッドロウ・ウィルソンは「国家は民主主義によって運用されるべき」という外交方針を掲げていた。
吉野はアメリカ流の民主主義が世界の大勢になるという進歩史観を信じていた。
こういう「民主主義の普遍化」のイデオロギーがいかに危険なものであるかは、イラク戦争やアラブの春の失敗で見てきた通りである。
面白いことに同じキリスト教徒でも、「非戦論」の内村鑑三（うちむらかんぞう）は、第一次大戦にアメリカが参戦し、全体主義化する様子を見て、厳しく批判していた。
内村鑑三は「無教会主義」という日本独自のキリスト教信仰のあり方を信奉しており、アメリカ留学で拝金主義と人種差別を目撃して失望していた。
日本とアメリカの差異の確認において、『代表的日本人』を著した内村の方が吉野より的確だったのかもしれない。
代表的日本人

1914年、第一次世界大戦が始まり、ヨーロッパに物資を輸出するため特需が起こり、日本は空前の好況になり、「成金」が増えた。
これで日露戦争の財政難を克服したのである。
だがヨーロッパが復興すると一転、日本は不況になる。
労働者はストライキやデモを行い労働運動が頻発、農村では小作争議が起こる。
平塚雷鳥や市川房枝らが女性の参政権を求めて女性解放運動を起こし、被差別部落民は「水平社」を結成した。
1917年(大正6年)にロシア革命が起こると、日本は1918年(大正7年)にシベリア出兵をする。
これを見越して米商人や地主が米の買い占めを行ったために、主婦を中心にした「米騒動」が起こる。
70万人が参加し、50日間続いて、労働者や部落民も参加して拡大し、軍隊が出動し…
寺内内閣が倒れた。
そして1918年、「平民宰相」と呼ばれた立憲政友会の原敬が、日本初の政党内閣を誕生させる。

1925年(大正14年)加藤高明内閣で、25歳以上の成人男子に限る「普通選挙法」が制定された。
だが、政治活動の活発化に乗じて、共産主義者が暴力革命を起こす危険性があるので、同時に政府は「治安維持法」を制定した。
吉野作造は「国際民主主義」の実現こそが帝国主義を終わらせ、世界を平和にすると考え、ウィルソンが提唱し、自ら委員会の長に就任した「国際連盟」に期待をかけた。
だが結局、国際連盟は、**「国際連盟憲章に人種差別撤廃条項を盛り込む」**という世界初の画期的な日本の提案を、採決では11対5で賛成多数だったにも拘わらず、「全会一致ではない」という理由で、アメリカからも反対され、その上、いよいよ国際連盟結成というときには、アメリカは参加しなかったのである。
吉野作造は熱烈な親米主義者だったにも拘わらず、梯子(はしご)を外されたのだった。
そして1931年(昭和6年)に勃発する満州事変では、吉野作造が死の床から最後の力をふりしぼって反対したにも拘わらず、新聞や政党がこれを支持した。
吉野も美濃部も、政党政治に望みを託していたにも拘わらず、政友会は腐敗を極め、軍部と連携してしまったのである。

「私が遺憾とし、同時に意外とした
ことは二つある。
一つは不思議な程諸新聞の
論調が一律に出兵謳歌に
傾いて居ることであり、
他は無産党側から一向
予期したような自由豁達の
批判を聞かぬことである。
無産党は一斉に軍事行動を
讃美する」
吉野は、日本が国際連盟脱退を
通告した1933年(昭和8年)に
その生涯を終えた。
新編
大正デモクラシー論
吉野作造は、民主主義と
ナショナリズムが一体である
ことを見抜き、朝鮮や支那の
反日ナショナリズムも
民主主義に繋がると
擁護したが、
残念ながら裏切られ、
「国際民主主義」が
「国際連盟」によって完成する、
帝国主義がこれで終わり
世界は平和になると
期待したが、
アメリカによって裏切られ、
さらに国民の大多数、
つまり民主主義が
満州事変を讃美した
ことによって、
民主主義からも
裏切られたことになる。

そして1932年(昭和7年)五・一五事件で犬養毅首相が暗殺され、ついに政党内閣が途絶えた。
1935年(昭和10年)
美濃部達吉は「天皇機関説事件」によって右派憲法学者や軍部からの批判を浴びたが、国会の論戦では圧勝した。
にも拘わらず「天皇主権説」を利用して国政を専横したい軍部が「天皇が〝機関〟というのは不敬」というバッシングを繰り返し、論理より情緒を重んじる民衆が軍部に同調し、
こうして世論に押された政府は「国体明徴声明」を出して、「主権は天皇にある」と明言してしまった。
美濃部の著書は発禁となり、国会からも追放され、影響力を完全に失った。
「民主」と言うが、民衆が愚かではどうにもならない。
美濃部もまた民主主義に裏切られたのである。
美濃部は大東亜戦争の敗戦後、1946年(昭和21年)、枢密院顧問官として新憲法の審議に関わり、「国民主権」に強く反対した。
当たり前である。そもそも「国民主権」は欧州の概念であり、日本の伝統には沿わない。
そして国民が愚民だということを身に染みて分かっている。
美濃部の学説、「主権は国家にある」これが正しいのだ。

美濃部達吉は1948年（昭和23年）75歳でその生涯を終えた。
軍部の脅迫にも、右翼青年の狙撃にも、愚民の世論にも屈しない、真実だけを追求する覚悟を持った尊敬すべき学者であった。
1936年（昭和11年）、二・二六事件。青年将校が経済格差と政治の腐敗に憤り、「天皇親政」を求めてクーデターを試みた。
以後、軍部の台頭を招き、日本は戦争への道をひた走っていく。
大正デモクラシーは確実に「民主化」を促進させたし、美濃部も吉野もそのために大いに貢献した。
だが、「民主主義」が「平和」に結びつくというのはクダラナイ宗教に過ぎなくて、民主主義が「戦争」に熱狂したり、「独裁政治」に道を開くことは、歴史が証明している。

秘書みなぼんのトレボン Ⅸ　フォーシーズンズホテル

「フォーシーズンズホテル・ジョルジュ・サンク・パリ」のラグジュアリーなサービス！
チョコレートケーキを食べながら、デザートワインでぐびっとな♪

フルコースの食事が続いたので、胃を休めるためにルームサービスでブランチをとる。
軽く食べるつもりだったのに、パンの盛り合わせ、フレンチトースト、果物の盛り合わせ、チーズの盛り合わせ…と想定外の量に！贅沢!!

第22章 国民主権への違和感

フランス革命の影響が、今の日本人の「民主主義」に対する感覚に、多大な悪影響を及ぼしている。
それは「主権」という概念のことだ。
主権在民・国民主権などと言うが、
この「主権」概念は、元々、日本にはなかった。
明治憲法には「主権」という言葉は出てこない。
フランス革命によって、絶対君主の「主権」を、市民が強奪したことにより、「国王主権」から「国民主権」になったというストーリーに、日本人はあまりに感化されてしまった。

日本共産党は2016年（平成28年）1月4日召集の、
天皇陛下ご臨席の通常国会開会式に、
初めて出席した。
今まで、高い位置から天皇が
お言葉を述べるのは「主権在民」
「国民主権」の原則からして
おかしいと主張し、国会開会式を
ボイコットしてきたのだ。
天皇がいること自体が
民主主義でないと考える
左翼は今もいるが、
それはフランス革命に
かぶれているからであって、
議会制民主主義の国
イギリスには今も
王室があるではないか！
逆に革命で王制を
廃止した中国には
民主主義はない。
ロシアも革命で
帝政を廃止したが、
社会主義崩壊後も
未だに民主主義は不徹底で
独裁色が強くなっている。
日本の国会召集は、
憲法第7条で規定された
天皇の国事行為である。
そもそも「主権」なるものが
一人一人個別の国民にある
なんて、ナンセンスだ。
「統合された国民にある」
と解釈されるべきだろう。
その「統合された国民」を
体現し、象徴するのが
天皇なのだから、
天皇が国会を召集するのは、
国民が召集したも同然!!
今まで共産党は
憲法に違反してきたのであり、
国民を侮辱してきたのだ。
このような共産党の倒錯も、
「君主をなくしたら民主主義」
という幼稚な迷信を
信じ込んだからである。
日本もイギリスも
立憲君主国家である。
フランス革命かぶれからは
卒業した方がよい！

そもそも戦前までは、「主権」は国家にあるとする美濃部達吉(みのべたつきち)の「天皇機関説」が憲法学界の主流だった。
「主権」は法人としての国家にあるとして、天皇はその最高機関として統治権を行使するという美濃部の学説は、わしにはすごく腑(ふ)に落ちる。
「国民主権」という概念は、実は戦後、「占領期」に、GHQが日本人を洗脳教育して、普及させてしまったものだ。
「民主主義」というありがたい価値がある、これは世界に普遍的なすばらしい価値である、国民一人一人、個人が主権者として心の中に民主主義を育てなければならないと、宗教的教義を日本人に植え付けてしまった。
民主主義 上
日本国憲法では、
第1条【天皇の地位・国民主権】
天皇は、日本国の象徴であり日本国民統合の象徴であって、この地位は、主権の存する日本国民の総意に基く。
…となっている。
これで学校の先生は「国民主権」と教えるのだ。
オレが主権者か〜〜〜っ!
オレ、天皇よりえらいんじゃね?
などと勘違いする者も出てくる。
大日本帝国憲法では、
第1条
大日本帝国ハ万世一系ノ天皇之ヲ統治ス
…となっている。
この「天皇之ヲ統治ス」を読んで、戦前の憲法は「天皇主権」だったと多くの者が言うわけである。
だがそれは「統治」の意味を間違って解釈しているからだ!

この憲法の草案では、
井上毅はこう記述している。
大日本帝国ハ 万世一系ノ
天皇ノ 治ス所ナリ
「治ス」とは「シラス」と読み、
古事記に出てくる古語である。
「治ス」とは「お知りになる」、
政治・経済・社会・国民全般のことに、
公平に目を通している、という意味であり、
天皇の公共性を表す言葉である。
「治ス(シラス)」の反対は
「領ク(ウシハク)」と言って、
「支配する」という意味である。
ヨーロッパの絶対王政の頃は、
王が「ウシハク」時代だったのだ。
日本において、
天皇が民衆を「ウシハク」(支配する)
存在だったことはない。
天皇は、ヨーロッパのように、
人民を支配し、搾取して、
私利私欲と贅沢を
貪る絶対君主のような
存在だったことはないのだ。
ある日、仁徳天皇が
難波高津宮から
遠くをご覧になられると、
人々の家から
煙が上がっていないことに
お気づきになられた。
民のかまどより
煙がたちのぼら
ないのは、貧しくて
炊くものがないから
ではないか?
都がこうなら、
地方はなおひどい
ことだろう。

天皇は、「向こう三年、税を免ず」と詔をされた。
それから天皇は衣を新調されず、宮垣が崩れ、茅葺屋根が破れても修理もされず、星の光が屋根の隙間から見える有様となっていた。
3年が経って、天皇が高台に出られて、炊煙が盛んに立つのをご覧になり、皇后に申された。
朕はすでに富んだ。喜ばしいことだ。
変なことを仰言いますね。宮垣が崩れ、屋根が破れているのに、富んだなどと…
政事は民を本としなければならない。
その民が富んでいるのだから、朕も富んだことになるのだ。
「高き屋にのぼりて見れば煙立つ民のかまどは賑わいにけり」

天皇はそれから、
さらに3年間、
税を献ずることを
お聞き届けに
ならなかった。

6年の歳月が過ぎ、
やっと税を課し、
宮殿の修理を
お許しになった。
その時の民の様子を
「日本書紀」は
次のように伝えている。

「民、うながされずして
材を運び簣を負い、
日夜をいとわず
力を尽くして争いを作る。
いまだ幾ばくを経ずして
宮殿ことごとく成りぬ。
故に今に聖帝と称し奉る。
みかど崩御ののちは、
和泉国の百舌鳥野の
みささぎに葬し奉る」
人々は命令されても
いないのに、進んで
宮殿の修理をはじめ、
またたくまに立派な
宮殿が完成したのである。
それ以来、人々は天皇を
「聖帝(ひじりのみかど)」と
あがめるようになった。

天皇は民のかまどを「治ス(シラス)」存在である。
「治ス」という概念は、日本独特のもので、井上毅はそれを意識して、憲法草案では、これを使ったのだが、一般庶民はこの言葉を知らないんじゃないかということで、「統治ス」という言葉に変えた。
「天皇之ヲ統治ス」となると天皇が自ら支配するような誤解を招くが、そうではない。
大日本帝国憲法は実は「天皇主権」ではない!
まずこのことから常識にしていかねばならないのだが、いつまで経っても勉強しない知識人やマスコミ関係者は、「明治憲法は天皇主権だった」と言い募る。
今後はこういうデマが出てきたら直ちにネットで批判してほしい。
1912年(大正元年)「天皇機関説」論争があった。
主権は天皇にあると主張したのが、上杉慎吉(うえすぎしんきち)らの法学者だった。
主権は天皇にはない、法人たる国家にある、天皇は最高機関であると説いたのが、法学者の美濃部達吉である。
美濃部の説に対して、上杉らが、「天皇を機関とは何事か!不敬だ!」と非難したのだ。
この論争は美濃部の圧勝だった。
「現実に統治権は誰にあるか?天皇は独裁者か?」という美濃部の問いに、上杉は答えられなかったのだ。

昭和に入り、軍部の台頭とともに再び「天皇機関説」が問題視されたが、その際も美濃部は批判を完全に論破していた。ところが軍部・右翼の攻撃に加え、野党が政権打倒のために機関説排撃を訴え、これに政府が屈して「国体明徴声明」を発し、天皇機関説の教授を禁じてしまう。この言論弾圧事件を「天皇機関説事件」という。

美濃部は「神聖不可侵である陛下を危険にさらすつもりか?」と迫って、上杉を完全に論破した。
この「神聖不可侵」という言葉がまた、今どきの人々には誤解されているようだ。
大日本帝国憲法第3条の「天皇ハ神聖ニシテ侵スヘカラス」というのは、「神のごときだから侮辱するな」という意味ではない。
天皇の「神聖不可侵」とは、単に「天皇の無答責」を規定する言葉である。
帝国憲法55条に「国政は国務大臣が輔弼(ほひつ)し、その責任を負う」とあり、したがって天皇は政治責任を問われることはない。これが「神聖不可侵」の真意である。
つまり現在の日本国憲法の「象徴」と同じ意味合いなのだ。
美濃部の説は1935年(昭和10年)の「天皇機関説事件」で葬られるが、昭和天皇は明確に「天皇機関説」を支持していた。
君主主権と国家主権の争いであるが、自分としては国家主権の方がよいと思う。
またそうではないとしても日本のような君国一体となった国ならば、どちらでも大差はない。
このような小さな争いで美濃部ほどの男を葬るのが惜しい。

美濃部と共に
大正デモクラシーの立役者
だった吉野作造は、
「欧州で国王の絶対主義を正当化するために発明された『主権』概念を、日本で論じる意味はない」と考えていた。
吉野の凄さは「Democracy」の訳語に「民主主義」を使わず、「民本主義」としたことだ。
「民主主義」という訳語は「国家の主権は人民に在り」というもので、君主国・日本にはふさわしくないと考えていた。
「民主」という概念自体がヨーロッパのイデオロギーに巻き込まれると考えた直感は鋭い。
そもそも「主権」という概念は、16世紀、フランス国内を二分した宗教戦、ユグノー戦争の最中に、法学者ジャン・ボダンが『国家論』で、「王権神授説」を唱えたことから始まる。
ボダンは、王権は神から賦与されたものであり、外交主権を保持するのは教会でも貴族でもない、国王だけであり、人民は王権に反抗はできないとした。

「主権」とは、
「神(ゴッド)の代行者」
という意味である。
日本にはこのような
「主権」概念はない。
「主権」という言葉を
使うこと自体が
単なる西洋かぶれであり、
無意味なのだ。
帝国憲法のどこにも
「主権」という言葉が
出てこないのは、
伊藤博文がこんな言葉は
日本には当てはまらないと
分かっていたからだろう。
天皇は
明治憲法の時代でも、
主権者でもなく、
独裁者でもなかったのだ。
「民主主義」という言葉自体に
すでに西洋かぶれが
潜んでいて、
「民主」という言葉が
国民に余計な驕りを
植えつけてしまう。
国民が
神(ゴッド)の
代行者なのか
?
否である!
我々一人ひとりが、
国の「主」と胸を
張れるほど、
人徳や知識や
洞察力を
持っているか?
否である!

ルソーが、神々のごとき存在がいれば、直接民主主義が良いと言ったように、
我々国民は「民主」を豪語するほど聡明にはなれない。
美濃部達吉の説のように、日本においては、「主権」は国家にあるとした方が正当だろう。
国家とは、この国で先祖たちが営々と築いてきた伝統・慣習・文化を含む歴史にこそ、「主権」があるとするのだ。
現在の個人は、歴史のタテ軸と、社会のヨコ軸の交差する一点に存在する、子孫への国柄の継承者のようなものである。
いかに祖先から知恵を預かり、子孫に、さらに付加した知恵を継承していけるかが、日本人の「公」の精神を活かす「公民主義」だろう。
「民主」よりも、我々日本人は「公民」という価値を奉じるべきなのだ。

政府も官僚も、果たして「公」のための政治を行う「公務員」か否かわからない。
政府や官僚が利益団体を優先したり、富裕層だけを富ませる政治を行っているのなら、それは「公」のための政治とは言えない。
子供の6人に1人が飢えている状況では、「公」の政治からは遠く離れているだろう。
けれども天皇は「治す(シラス)」存在として、国民を見守り、常に「公」のために祈っておられる。
天皇こそは「公」の体現者なのだ。
だから政治家の考えとはズレてしまうときがある。
明治・大正・昭和の天皇も、今上天皇も、基本的には戦争に反対の立場である。
「四方(よも)の海みな同朋(はらから)と思ふ世になど波風の立ちさわぐらむ」
四方の海にある国々は、みな兄弟姉妹と思う世に、なぜ戦わねばならないのか…
明治天皇の御製だが、昭和天皇は日米開戦やむなしに至ったときにこれを詠まれた。

だが時の政府は戦争を選んだ。
国民もマスコミも大賛成で戦争を選んだ。
国民投票をすれば戦争賛成が圧倒的だったはずだから、これが民主主義の選択だろう。
立憲君主である天皇は憲法に従う身だから、戦争を阻止する「主権」など持っていない。
この政治の結果を天皇が負う責任はない。無答責なのだ。
天皇は常に平和を祈り、国民が気にかけない社会の弱者に心を寄せておられる。
日本の天皇と西欧の王権は、歴史的に全然違うものだったのである。
民主主義も、国民主権も、「西洋かぶれ」のイデオロギーである。
我々日本人にとっては、制度として受け入れておけばいいのだ。

民主主義の理念は
「自由・平等・同胞愛」だが
「同胞愛」は祖国愛であり、
ナショナリズムだから
良いとしても…
個人の「自由」を、
歴史の流れを断ち切ってでも、
急進的に押し進めたら、
アメリカになってしまい、
「自由」は「放縦（ほうしょう）」に
堕してしまう。
集団の「平等」を、
歴史の流れを断ち切ってでも、
急進的に押し進めたら、
中国・ソ連・北朝鮮になってしまい、
「平等」は「画一化・平準化」に
堕してしまう。
民主主義の「自由」「平等」
という価値は、
革命につながる
危険なイデオロギーである。
規制はいらない！
モラルもいらない！
自由がほしい！
競争はいらない！
全員平等！全員画一！
おれたちが民主で王様だーー！

日本には、
「自由」は「規制」とのバランスをとって「活力」を生み出す良識があるはずだ。
「平等」は「格差」とのバランスをとって「公正」を実現する良識もあるはずだ。
歴史に根ざした知恵として、「公平・公正・公共」という価値があって、これはイデオロギーではない。
ごーまんかましてよかですか？
日本は、「公」の体現者たる天皇のもとで、君民一体の「公共性」を基にした政治を目指せばよいのである。
わしはこれを「公民主義」と呼んでいる。

最終章

ル・サンクの美味礼讃

朝から女どもがソワソワとめかし込んでいる。
生意気にみなぼんは、今まで見たことがないようなセクシーな黒のドレスをまとい、髪をクルクル巻きにし、入念な化粧をほどこしている。

今日はフランスを発って日本に帰る日なのだが、フライトは夜。
滞在中に、ホテル内にあるミシュラン2つ星のメインダイニング「ル・サンク」に行きたいと思っていたのだが、なかなか予約が取れずにいた。
諦めていたところランチにキャンセルが出たと連絡があり、帰国寸前の幸運に恵まれたのだ。

ル・サンクの室内は華やかでゴージャスの一言に尽きる。
まるでヴェルサイユ宮殿の一室のような優雅な雰囲気を、ギャルソン共々醸し出していて、日常の喧騒は微塵もない。
日本でここまで重厚かつラグジュアリーなレストランはないだろう。
女たちに気合いが入るのも納得だ。
このル・サンクの自慢は料理だけではない。
ワインセラーには2200銘柄、4500本のワインを貯蔵している事でも有名。
なるほど！ソムリエが持って来たワインリストはとんでもない厚さで腕が折れるかと思うほど、重い。
まずはフランスでの取材が無事に終了したことにシャンパンで乾杯。
フランスでの最後の食事になるので、この季節ならではの旬の食材アスパラガスを頂くことに。これを含め、アラカルトで注文する。

軽いアミューズの後、前菜のアスパラガスの料理が3品一気に運ばれてきた。
1つはグリーンアスパラガスのみずみずしさを最大限に活かしたような軽めのソースにニョッキの付け合わせ。
2つめはグラスに立てた演出が可愛い、揚げたグリーンアスパラガス。ホクホクとした食感が楽しめ、わずかにスパイシーな香りがする。
3つめはホワイトアスパラガスがスープ仕立てになっている。
まさにアスパラづくし！
一つの食材を3つの調理法で演出するのが実にユニークだ。
そしてメインは魚料理、「タラの皇帝風」
ネーミング通り、基本を忠実に踏襲したこれぞフレンチという自信みなぎる一皿で、フランス最後の食事に相応しいものだった。
最後のデザートはフランスを代表する菓子「パリブレスト」をチョイス。
サクッとした生地に濃厚なプラリネのクリームがまったりして美味い。
ナッツの香ばしさが口内から鼻腔にぬけて、脳が落ちついていく。

面白かったのは、「押しの強さ」と「気づかい」の両面で攻めて来るギャルソンがいたことだ。
彼は色々な種類のパンが入った籠を持って来て言う。
どのパンにしますか？当店ではフォカッチャが特に美味しくて自慢なんですよ。
妻と岸端がお勧めのフォカッチャを選んだら、満足そうに微笑みながらわしの元へ来る。
わしはそこで、オ・ルヴァンとシャンピニオンを選んだ。
すると彼は強烈にフォカッチャを勧めてくるのだ。
ノン、ノン、ムッシュー！フォカッチャを食べないとダメですよ！まずはフォカッチャ！他のパンは後で！
わ、わかったよ。そんなに言うならフォカッチャを食べるよ。
彼はとても自信にあふれた笑みを浮かべて去って行った。
そんなフォカッチャ推しの彼は、食後、我々の元にまた聞きに来た。
コーヒーなどはいかがですか？
わしは彼に伝えた。
君が勧めてくれたフォカッチャ、確かに旨かったよ。
他の料理もとても美味しくて食べ過ぎてしまって満腹だよ。
それは良かった。あのフォカッチャは自慢のパンなんです。
ではムッシュー、食後の飲み物はいかがしますか？
じゃあ、わしはエスプレッソを頼むよ。

すると再び彼は主張しだした。
ノン、ノン、ムッシュー！あなたはグリーン・ティーですよ！
グリーン・ティーの方が食後のお腹をスッキリさせるし、身体にも良いです！
「満腹だ」と言ったわしを気づかい、今度は強烈なグリーン・ティー推しになった彼に再び押し切られてしまった。
わ…わかったよ。そんなに言うなら、グリーン・ティーにするよ。
なるほどなあ。日本人のおもてなしはひたすら相手の意向に沿うが、個人主義のパリでは、自分のサービスに自信を持っているので、客が知らないで選んでいると、「こっちの方が、あなたは絶対満足する」と勧めてくるギャルソンがいる。
フランス人の誰もがこうではないだろうが、このサービスの仕方はわしに似ているかもしれない。
昔、『東大一直線』以後のヒットがなかなか出ないでもがいているとき、
講談社の編集者が酔っぱらって、わしに絡んできて、こう言い放った。
あなたのように人の襟首つかんで強引に読ませようとする作家の時代ではないんですよ！
東大一直線
当時はラブコメ全盛の時代で、少年漫画の世界にも、ソフトなタッチで、狂気の少ない作品が流行るようになっていた。
ムフ♡

だがもちろん、わしは人の襟首つかんでも強引に読ませるスタイルを貫いて、その後『おぼっちゃまくん』『ゴーマニズム宣言』と立て続けにヒットを放った。
小林よしのり
ざまあみろだ。個人主義が強烈なところは、わしとフランス人は似ているのかもしれない。
プロだよねあの人。
西洋人の「個人主義」は神との契約関係のみだから、人の顔色を窺わない。空気に同調しない。NOはNOと言う。
日本で「民主主義」を宗教化している連中は、一神教でもないのに、頭オカシイよ。
多神教の日本人が神（GOD）ではなく、「公の精神」を中心に「民主化」を進めてきた歴史も知らないんだからな。
日本人と西洋人の宗教観の差がわかってないから、「民主主義」に過剰な幻想を持ってしまうのね。
中学の歴史教科書に「五箇条の御誓文」や「大正デモクラシー」は載っているから、
戦前の日本にも「民主化」はあったと教師がちゃんと教えなきゃね。
だがそれは昭和初期に「ファシズム」に乗っとられ、完全に壊滅してしまったと思ってるんだな。
本当は、日本がファシズム体制になったことはなく、民主主義も消滅してはいなかった！

戦時中が東条英機の独裁政権だったというのなら、
当時のアメリカはルーズベルト独裁、
イギリスはチャーチル独裁だ。
これは総力戦体制では必須の権力集中にすぎない。
東条がサイパン陥落の責任を問われて辞職したことだけ見ても、日本にファシズムがなかったのは明白だ。
ただ、負け戦をやってる方が、状況が厳しい分、国民への締めつけも厳しくなっただけである。
さんざん苦しい思いをした末に、敗戦という結果となり、恨みつらみを募らせる国民も出てきたところに、GHQはこう宣伝した。
日本はファシズムに乗っとられていた！国民は悪くない！独裁者に騙されていただけだ！それをアメリカが解放したのだ！
これで日本人はゴロッと洗脳されてしまった。
本当は自分たちが戦争を支持したくせに！
軍部独裁に騙されていた！
日本に民主主義はなかったのだ！
本当はアメリカの嘘に騙されたかったのだ！
軍部に責任を押しつけたかったのだ！
自分たちが戦争を支持していたのだから！

確かに戦前は、「軍部大臣現役武官制」という制度上の欠陥があった。
軍部大臣は現役の軍人に限るという制度で、これにより軍は、軍部大臣を辞職させ、その後任を出さないことによって、気にくわない内閣を潰（つぶ）すことができたのだ。
しかし、昭和に入った頃から始まった軍部の台頭の最大要因は、「民意」の後押しだ！
世界恐慌による経済不安など、懸案が山積みの状態にありながら、政党は政権を争って、足の引っ張り合いをするばかりで、
国民は腐敗した政党政治を見放し、軍部の実行力に期待するようになっていった。
そして軍が独断で起こした満州事変によって、満州の在留邦人や権益保護の問題が一気に解決し、これを起爆剤として世界恐慌から脱出できたことで、軍に対する国民の支持は圧倒的なものになっていった。
軍の台頭は、民主主義の要請だったのだ！
本当に民主主義がなかったのは、戦時中ではなく、GHQの占領下にあった6年半であり、敗戦まで日本の民主主義は機能していた。

議会を開設し、政党政治が始まり、
男子普通選挙までは
進んでいたのだから、
戦争と被占領を経ず、
そのまま歴史が進んでいれば、
いずれ女子参政権も認められ、
現在よりも、もっと成熟した
民主国家になっていただろう。
昭和天皇は、日本の敗戦後、「昭和21年の年頭の詔書」で「国民はこれから『五箇条の御誓文』に帰って、私と共に、新日本の国家を建設しよう」と呼びかけをされた。
これは『五箇条の御誓文』に、民主主義の原点があるから、それに帰ろうということだ。
でもマスコミはこの詔書を「人間宣言」としか報じなかった。
「人間宣言」なんて文言は一切ないのに。
昭和天皇は、敗戦後の国民が、「民主主義はアメリカに教わった」と洗脳されないように、布石を打ったようなものだ。
だが戦後の日本人は見事に洗脳されてしまった。
悲しいね。敗戦ショックで日本人は自信を失い、喜んでアメリカに洗脳されちゃったのね。
個人主義が弱いからだ！
ムラ社会の同調圧力に負けるのだ！
日本人らしさが仇（あだ）になってしまった！

今年から選挙権が18歳まで
引き下げられるせいなのか、
最近高校生のデモまで、
マスコミが評価し始めた。
親のスネかじりながら
天下国家に文句言えるほど
「民主化」が進んでいる。
これが果たして
良いことなのだろうか？
反対
反対
反対
大学生だって、国会前で
抽象的なデモをやるヒマが
あるのなら、
自分の住む地域の「町内会」の
手伝いでもしたらどうか？
自分の住む共同体の
民主主義には
全然、関心がないくせに、
国家大の民主主義なら
SNSで集合して大騒ぎ。
パトリオティズムなき
ナショナリズムは、
右派にも左派にも
流行している。
投票率が低いのは良くない、
選挙には行くべきというのが
常識とされているが、
いかにも偽善的だ。
ネット投票ならもっと増える
と言う奴は、
イカしていると断言する。
すぐ近所の投票所まで
行く気力もない、
不在者投票の制度も
あるというのに
行かないのなら、
めんどくさいにせよ、
選べないにせよ、
それで結構じゃないか。
切迫感がないから
投票しないだけ。
誰が権力を取ろうと、
そう悪くもなるまいと
日本人を信頼してるのだろう。

あまりに多くの阿呆が国会議員になっていると思わんか？
選挙民も被選挙民も、「愚民」だということは、もう分かっただろう!?
高市早苗
電波停止脅迫の大臣
「言論の自由」は権力が守るものという立憲主義の原則を知らない政治家
丸川珠代
年間被曝1ミリシーベルトに科学的根拠なしと放言して取り消す大臣
片山さつき
ネットの誤情報に釣られまくるネトウヨ系の政治家
島尻安伊子
「歯舞」読めない北方担当大臣
高木毅
パンツ泥棒の過去 公選法違反 香典支出疑惑
安倍晋三
「大量破壊兵器がないことを証明できないフセインが悪い」「パート月給は25万円」国会でヤジ連発の首相
小渕優子
公職選挙法違反疑惑で辞任
甘利明
口利き賄賂疑惑 大臣辞任後は国会休みっぱなし
丸山和也
「アメリカの51番目の州はユートピア」「オバマは黒人奴隷」
麻生太郎
「ワイマール憲法の例がある」と放言。「軽減税率で中小企業の1000くらいつぶれる」発言。
荒井聡
事務所費でキャミソール、少女マンガ購入
武藤貴也
未公開株トラブル 議員宿舎で未成年男性買春
宮崎謙介
育休ゲス不倫 LINE1日400回 〈私のど真ん中はソナタ〉
山谷えり子
在特会幹部と懇意にしていた
上西小百合
国会さぼって秘書と旅行疑惑
大西英男
「マスコミをこらしめるには広告収入をなくすのが一番」「巫女さんのくせになんだ!」
中川郁子
不倫路チュー
白須賀貴樹
百田尚樹の「沖縄の2紙はつぶした方がいい」発言を擁護
中井洽
式典で秋篠宮ご夫妻に「早く座れよ」
鉢呂吉雄
「放射能をうつしてやる」発言で辞任
松島みどり
公職選挙法違反疑 国会中に居眠り、携帯 あくび、読書の超不まじめ議員
鳩山由紀夫
「最低でも県外」だが、ノープラン

大規模の社会集団で、
私利私欲の代表が
多数決の結果、
国政に参加すると、
「公」の政治から
遠ざかる一方である。
「私」+「私」+「私」+「私」…
の集積では
「公」になるはずがない。
誰が「公心」を
持っているか?
誰が「私心」を捨てて
「公」のために尽くせるか、
それを見抜くしかない。
ごーまんかまして
よかですか?
わしは選挙権も、
被選挙権も、
試験を受けて
合格した者だけが
獲得し、民主制に
参加できるように
すべきだと思う。
つまりエリートの
「寡頭制」のほうが
いいと思っている!
民主主義は
どうしても
「愚民主主義」に
堕す!
国民を
幸福にしない
制度である!

ゴオオオオオ…
パリ
さようなら。
美味しかったよ、
パリ…。
帰国の機中の
食事サービスで、
わしはまたしても
フレンチを選んだ。
「パサージュ53」のシェフが
コーディネートした
料理があったからだ。
お味いかが
ですか？
やっぱり
美味いよ。
パサージュ53は
滞在中に
行ったんだよ。
もう一度
食べられるとはね。
え〜〜〜っ
行かれたん
ですか？
うらやましい〜っ。
あそこ予約なかなか
取れませんよね。
はっはっはっ…
庶民には
むずかしいかな。
アルページュにも、
エピキュールにも、
ル・サンクにも
行ったよ。
え〜〜っ、
なんて贅沢
な〜〜〜っ！
はっはっはっ…
富裕層
だからねえ。
完

あとがき

民主主義に対する妄信はもはや「病い」の域である。それが本書のテーマだ。日本国内の知識人やマスコミ、そして一般国民にいたるまで、民主を主義として信じ込んでいるその様子は、わしには不気味に思える。

選挙権が18歳からに引き下げられるということで、政府・官僚も若者に「主権者教育」を施すのだという。主権者とは何かということも知らずに、よくも未成年に幻想を植え付ける教育など推進できるものだ。日本国内だけではない。民主主義という病いに冒された国々が、どれほど戦争を好み、平和を崩壊させ、失敗国家を生み出してきたことか、いいかげんに現実を直視する勇気を持ってほしい。

本書を描くにあたっては、参考にした文献をなるべく紹介しながら説き明かすことに努めた。なぜなら小林よしのりが勝手に論じている「持論」と解釈されるのが困るからだ。作品中に紹介できない文献に関しては、最後に参考文献として載せている。

なぜこんなことを強調しておくかと言えば、知識人が文献を読まずに語っているからである。あるいは誤読しているからである。

ルソーの『社会契約論』すらまともに読んでないのが分かる知識人が、民主主義についてもっともらしいことを語っているのだから呆れてしまう。

そして、もっと不思議なことに、日本ではナショナリズムを嫌う人々が民主主義の徹底化を主張しているのだから驚く。

小林よしのりの『戦争論』は日本のナショナリズムを復活させたからダメだ、ナショナリズムはない方がいいが、民主主義は大好きだからもっと徹底させるべきだ……こんな赤子のような矛盾した我が儘を言ってもらっては困る。

ナショナリズムなしの民主主義なんかあり得ないのだから。

「国民」という一体感があってこその「民主主義」なのに、日本のリベラル左派の人々は民主主義の徹底化を訴えつつ、グローバリズムを信奉して、国家の解体を夢見ていたりする。愚かというしかない。

ナショナリズムは国民主義であり、それは排外主義をも含む、これは仕方がない。

排外主義も方向性や加減の問題であって、フランスの農民がマクドナルドを排撃したのは良きナショナリズムであるし、幕末の武士たちに「攘夷」という排外主義が生まれたのも当然であり、「尊皇攘夷」が「開国攘夷」に転化していくのも、ナショナリズムゆえのことである。

諸外国のナショナリストが反グローバリズムになるのも健全な排外主義だろう。

わしは在日朝鮮人に対するヘイトスピーチは劣化したナショナリズムだと思うので嫌悪するが、ナショナリズムは常識ある国民が上手くコントロールするしかないものである。

福沢諭吉は『文明論之概略』でナショナリズムを偏頗心（へんばしん）と捉えている。偏頗心とは身贔屓（みびいき）の心性のことであり、人間の自然な心性なのだから、これを否定したところで何も生まれない。

そもそも民主主義からヒトラーの独裁が生まれたという、今や常識のはずの知識すら、民主主義を愛してやまない人々には欠けている。

民主主義をお題目のように唱える人々は、民主主義さえ貫けば、戦争を防ぐことができて、平和が生まれるとまで妄信しているのだが、もはや「狂信・カルト」にまで達した愚民と言うしかない。

一般的な辞書的解釈では、デモクラシーとは「民主制」あるいは「民主政」のことであり、古代ギリシア起源の政体分類の一つである。

デモクラシーの「デモス」とは民衆のことだが、本来はギリシアの共同体としてのポリスに属する人々のこと。

デモクラシーの「クラティア」とは支配・統治のことだ。つまりデモクラシーとは「民衆が統治する」政体に過ぎない。

「-cracy」という接尾辞は「○○制」と訳されるものであり、「democracy」なら民主的な制度・政体という意味である。

「-ism」の接尾辞を持つ語を「○○主義」と訳すが、民主主義なら「democratism」となって、強硬なイデオロギーになってしまう。

「民主主義」という言葉自体に「病い」が内包されてしまうのだ。

デモクラシーという単なる制度が、フランス革命によって「民衆こそが主人」というイデオロギーに転化してしまったために、これを日本に導入する時に当時の知識人は困ったことだろう。

吉野作造は、民主主義が天皇制を否定する危険思想になることを懸念して、「民本主義」という語を使用するのだが、慧眼（けいがん）であった。

美濃部達吉は、主権は天皇にも国民にもなく、国家にあるとしたが、これも見事な解釈だった。

だが、キリスト教国で生まれた「民主制」は、たちまち「民主主義」というイデオロギーと化して、宣教主義的に他国へ布教すべき宗教にまで化けてしまった。その影響を日本までが受けることになったのである。

そして現代でも、アメリカはイラクのフセイン体制を崩壊させれば、中東の国々で「民主化ドミノ倒し」が起こると主張して侵略戦争に突き進み、イラクを破綻国家にして、テロリストを増産し、イスラム国という野蛮集団まで生んでしまった。

あるいは世界中の民主主義信者は、SNSで立ち上がった若者が中東を民主化させると喧伝して、中東全域を無秩序のカオスに落とし込んでしまった。

このような民主主義への妄信は「難病」としか言いようがない。

今や「民衆こそが主人」というイデオロギーは、まだ勤労の義務も果たしていない18歳の若者に選挙権を与えることになったが、それでは15歳は民衆ではないのだろうか？ 一体どこまでの年齢が民衆と言えるのか？ 小学生がデモをし始めたら、これも民主主義と認めるのだろうか？

リベラル左派の人々は、高校生の政治活動を自由に行わせるべしと主張するが、政治活動＝デモだとするなら危ういと言わざるを得ない。

民主制の基本は、まずは議論だろう。

しかも政治的主張が同じ者どうしのポジショントークではなく、主張の違う者たちとの議論も経験しておかねば、価値をいったん相対化させる感覚も身につかず、国民を分断して民主制の堕落を招くことになってしまう。

アメリカ大統領選のトランプ現象にその兆候が色濃く漂った。

「民主主義とは何だ?」と叫びながらデモをするのは、「青い鳥はどこだ?」と徘徊する純粋まっすぐな若者たちの「自分探し」と「承認願望」の発露に過ぎない。

問題は日本の知識人たちで、過去の青臭い自分を回顧しながら「若返りの妙薬」とばかりに、共に青い鳥を探し始める情けなさである。誰も民主主義とは「病い」であると教える大人がいないのだ。

「民主制」ならば、小選挙区制でいいのかとか、政党助成金は必要かとか、候補者の質の劣化をどうするかとか、与党に対抗する政策理念は何なのかとか、考えねばならぬことはいくらでもある。

具体的な問題を考え抜く力もなく、議論もせずに、「幸せの青い民主主義」を探して徘徊する遊びはもう止めよう。それは必ずどこかに飛び去って行くものである。

経験値を高めて、成長した者だけが、他人の幸福を願う資格と方法論を備えることができる。

これはわしの「持論」と見られていいが、フランス革命の成果はフレンチのみである。美意識と味覚の繊細さを追求するフレンチが国民の文化となったことが、フランス革命の大きな成果だと言える。

料理に対する美意識の追求に才能を持つ者は、日本人とフランス人くらいのものである。

日本でフレンチの最高峰に鎮座し続けるのは「カンテサンス」の岸田周三シェフだろう。『ミシュランガイド東京』の発売以来、毎年3つ星を獲得し続けている。
岸田シェフはパリの3つ星レストラン「アストランス」のシェフ、パスカル・バルボ氏に師事し、同店のスーシェフを務めて帰国した。そのパスカル・バルボ氏は、本書でも紹介した「アルページュ」のアラン・パッサール氏の弟子である。
最初に「カンテサンス」を訪れたのは漫画家の秋本治氏とだったが、低温長時間ローストの火入れが見事で、肉の旨みが封じ込められた料理の美味しさに感嘆した。
二回訪れた後くらいから、予約が電話も繋がらないほど殺到するようになって、足が遠のいていた。
今回、本書のために一品を創ってくれることになって、本当にありがたかった。なにしろ本書で紹介しているのはパリの星付きレストランばかりで、日本で対抗できるフレンチとして、岸田シェフの料理を表紙で紹介できれば、本が引き締まる。
本書のデザインはわしが信頼している鈴木成一氏である。いつも美意識の高いカバーを創ってくれて感謝している。
そもそも担当編集者の志儀保博氏が、冒頭にフレンチを持ってきた方がいいとアドバイスしてくれたことから、本書のイメージが確定した。
フランス革命を否定するだけでは、わしがなぜフランスに惹かれるのかが分からない。わしは繊細な料理を創れる国民性が好きなのだ。
本書の製作に協力してくれたすべての人々に感謝します。

平成28年4月4日　　小林よしのり

参考文献

『新版 大正デモクラシー論』(三谷太一郎／東京大学出版会)
『吉野作造評論集』(岡義武編／岩波文庫)
『大正デモクラシー』(松尾尊兊／岩波現代文庫)
『シリーズ日本近現代史④ 大正デモクラシー』(成田龍一／岩波新書)
『美濃部達吉と吉野作造』(古川江里子／山川出版社)
『図説フランス革命』(芝生瑞和編／河出書房新社)
『物語フランス革命』(安達正勝／中公新書)
『フランス革命』(遅塚忠躬／岩波ジュニア新書)
『フランス革命についての省察』(エドマンド・バーク／中野好之訳／岩波文庫)
『図解 ナポレオンの時代 武器・防具・戦術大全』(カンゼン)
『ナポレオンの生涯』(ティエリー・レンツ／福井憲彦監修／遠藤ゆかり訳／創元社)
『フランス植民地主義の歴史』(平野千果子／人文書院)
『植民地共和国フランス』(N・バンセル＋P・ブランシャール＋F・ヴェルジェス／平野千果子＋菊池恵介訳／岩波書店)
『ジャスミンの残り香──「アラブの春」が変えたもの』(田原牧／集英社)
『脱グローバル論』(内田樹＋中島岳志＋平松邦夫＋イケダハヤト＋小田嶋隆＋高木新平＋平川克美／講談社)
『アホ腰抜けビョーキの親米保守』(西部邁＋小林よしのり／飛鳥新社)
『グローバル恐慌の真相』(中野剛志＋柴山桂太／集英社新書)
『グローバリズムが世界を滅ぼす』(エマニュエル・トッド＋ハジュン・チャン＋柴山桂太＋中野剛志＋藤井聡＋堀茂樹／文春新書)
『人間の条件』(ハンナ・アレント／志水速雄訳／ちくま学芸文庫)
『英語化は愚民化』(施光恒／集英社新書)
『世界を戦争に導くグローバリズム』(中野剛志／集英社新書)
『グローバリズムという病』(平川克美／東洋経済新報社)

『丘のうえの民主政』(橋場弦／東京大学出版会)
『歴史』上・下(トゥキュディデス／小西晴雄訳／ちくま学芸文庫)
『戦史』(トゥキュディデス／久保正彰訳／中公クラシックス)
『古代ギリシャ ビジュアル学習図鑑ディスカバリー』(金の星社)
『民主主義』(M・I・フィンリー／柴田平三郎訳／講談社学術文庫)
『社会契約論』(ルソー／前川貞次郎＋桑原武夫訳／岩波文庫)
『国家』上・下(プラトン／藤沢令夫訳／岩波文庫)
『ソクラテスの弁明・クリトン』(プラトン／久保勉訳／岩波文庫)
『ニコマコス倫理学』(アリストテレス／高田三郎訳／岩波文庫)
『政治学』(アリストテレス／牛田徳子訳／西洋古典叢書)

『ザ・フェデラリスト』(A・ハミルトン＋J・ジェイ＋J・マディソン／斎藤眞＋中野勝郎訳／岩波文庫)
『民主主義という錯覚』(薬師院仁志／PHP研究所)
『民主主義という不思議な仕組み』(佐々木毅／ちくまプリマー新書)
『デモクラシー』(バーナード・クリック／添谷育志＋金田耕一訳／岩波書店)
『都市国家アテネ』(ピエール・ブリュレ／高野優訳／青柳正規監修／創元社)
『デモクラシーとは何か』(R・A・ダール／中村孝文訳／岩波書店)
『民主主義〈一九四八-五三〉中学・高校社会科教科書エッセンス復刻版』(文部省／西田亮介編／幻冬舎新書)
『「公」の思想家 横井小楠』(堤克彦／熊本出版文化会館)
『職業としての政治』(マックス・ヴェーバー／脇圭平訳／岩波文庫)
『世界の歴史5 ギリシアとローマ』(桜井万里子＋木村凌二／中公文庫)

『美食の社会史』(北山晴一／朝日選書)
『お菓子でたどるフランス史』(池上俊一／岩波ジュニア新書)
『12年目のパリ暮らし』(中村江里子／ソフトバンククリエイティブ)
『美味礼讃』(ブリア=サヴァラン／関根秀雄＋戸部松実訳／岩波文庫)

著者紹介

小林よしのり

漫画家。昭和二十八（一九五三）年、福岡県生まれ。
昭和五十一（一九七六）年、大学在学中に描いたデビュー作『東大一直線』が大ヒット。
昭和六十一（一九八六）年に始まった「おぼっちゃまくん」が大ブームに。同作品で小学館漫画賞受賞。
平成四（一九九二）年、「ゴー宣」の連載スタート。
以後、「ゴー宣」本編のみならず『戦争論』『沖縄論』『靖國論』『いわゆるA級戦犯』『天皇論』『昭和天皇論』『新天皇論』『国防論』『大東亜論　巨傑誕生篇』『AKB48論』『新戦争論1』といったスペシャル版も大ベストセラーとなり、つねに言論界の中心であり続ける。
戦後七十年の平成二十七（二〇一五）年、戦場の戦慄的リアリティを現代人に突きつけたフィクション『卑怯者の島』を発表。
平成二十四（二〇一二）年よりニコニコチャンネルでブログマガジン「小林よしのりライジング」配信を開始。

スタッフ

料理　岸田周三（カンテサンス）
写真　野口　博
ブックデザイン　鈴木成一デザイン室
構成　岸端みな（よしりん企画）
作画　広井英雄・岡田征司・宇都聡一・時浦兼（よしりん企画）
編集　志儀保博（幻冬舎）

ゴーマニズム宣言
SPECIAL

民主主義という病い

2016年5月25日　第1刷発行

著者
小林よしのり

発行者
見城 徹

発行所

GENTOSHA

株式会社 幻冬舎
〒151-0051 東京都渋谷区千駄ヶ谷4-9-7
電話 03-5411-6211(編集)
03-5411-6222(営業)
振替 00120-8-767643

印刷・製本所
中央精版印刷株式会社

検印廃止

Printed in Japan
ISBN978-4-344-02939-2 C0036

幻冬舎ホームページアドレス http://www.gengtosha.co.jp/
この本に関するご意見・ご感想をメールでお寄せいただく場合は、
comment@gentosha.co.jp まで。